안녕, 내 친구

루트비히 판 베토벤

안녕, 내 친구 **루트비히 판 베토벤**

펴낸날 | 2002년 4월 15일 초판 발행
2006년 6월 10일 6쇄 발행

글쓴이 | 김용주

그린이 | 김명심

펴낸이 | 양철우

펴낸데 | (주)교학사

주　소 | 서울 특별시 마포구 공덕동 105-67

전　화 | 영업 (02) 7075-156
편집 (02) 7075-333

등　록 | 1962년 6월 26일 (18-7)

편집 책임 | 조선희

편집 교정 | 이근주 · 이은경

ⓒ김용주, 2000

ISBN 89-09-06322-X 73810

세기의 인물과 함께 열어 가는 새 천년　BOOKWORM 21C@10~13

위인전에 대한 고정 관념을 깨고, 이젠 새로운 위인전을 읽는다!

안녕, 내 친구
루트비히 판 베토벤

(주)교학사

책을 펴내며……

　여러분은 음악가를 만나 본 적이 있나요? 라디오를 들으며 모차르트를 만나고 오페라 속에서 베르디를 만났다구요? 여러분은 그 때 무슨 생각을 했나요?
　로맹 롤랑은 베토벤의 전기를 쓴 유명한 작가예요. 그 사람은 베토벤의 음악을 들으면서 인생의 어려운 고비를 넘겼다고 해요. 베토벤의 음악 세계를 완전히 이해해야 그런 일이 가능할 거예요. 여러분이 로맹 롤랑처럼 하기는 힘들 것 같다구요? 그러나 우리 이 책을 가만히 보면서 정말로 베토벤의 삶과 나의 삶이 다른 것인가, 베토벤은 하늘에서라도 뚝 떨어진 사람이고 나는 그냥 보통 사람인가 한번 생각해 봐요. 베토벤도 우리들과 똑같이 개구쟁이짓도 하고, 고생하시는 어머니를 생각하며 혼자 눈물을 흘리기도 했어요. 친구가 보고 싶으면 보고 싶다고 편지를 쓰기도 하구요.
　아직도 베토벤을 친구로 삼기가 힘들어요? 그렇다면 이 책과 함께 시대를 뛰어넘는 여행을 해 보세요. 베토벤을 여러분만의 공간으로 초대해서 재미있는 이야기를 들어 보기도 하고 베토벤 가까이 가서 정말로 귀가 들리지 않는지 소리도 한번 질러 보는 거예요. 베토벤은 아마도 그런 여러분을 싫다고 하지 않고 즐거운 마음으로 받아들일 거예요. 친구를 초대하려면 맛있는 음식도 준비해야 하고 즐거운 놀이도 준비해야 하는 것처럼 베토벤을 초대하려면 무엇을 준비하는 게 좋을까? 종이와 연필을 가져다가 적어 보세요. 잘 모르겠으면 언니, 오빠, 형, 또는 엄마나 아빠와 의논을 해도 좋겠죠?

 이번에는 거꾸로 여러분이 베토벤이 살던 시대로 가 보는 거예요. 이번에는 계획을 더 잘 짜야 할 거예요. 여러분이 모르는 시대, 모르는 나라니까요. 자, 준비가 되었나요? 베토벤은 여러분을 아주 반갑게 맞이하고, 자기의 음악에 대해 신나게 얘기해 줄 거예요. 음악이 아니라도 여러분이 정말로 좋아하는 게 뭔지 알고 싶어할 거예요.

 자, 여러분 이제 생각해 볼 수 있지요? 진짜 여러분이 좋아하는 게 무엇이고 이 세상에서 누구보다도 소중한 건 자기 자신이라는 것을요.

 이 책이 소중한 여러분을 찾는 데 도움이 되길 빌어요.

김용주

차례

음악가가 될 운명을 타고난 아기

할아버지의 예언 · 13
　분석해서 보기 | 서양의 귀족 사회와 궁정 음악 · 15
음악가의 집안에서 태어난 베토벤 · 16
　분석해서 보기 | 위대한 예술가의 고향, 라인 강 · 22
아버지, 왜 내가 천재가 되어야 하죠? · 24
　분석해서 보기 | 베토벤의 영원한 이상향, 자연 · 30

꼬마 천재, 사람들 앞에 서다

못 말리는 개구쟁이 베토벤 · 33
나이를 속이고 한 첫 연주회 · 39
새로운 선생님과 함께 · 41
　시간 속으로의 인터뷰 여행 | 신동 모차르트와
　　악성 베토벤의 어린 시절의
　　음악 환경 · 48

베토벤, 음악가의 길로 들어서다

새로운 음악 창조의 즐거움 · 53

음악 가정 교사가 된 루이, 처음으로 특별한 감정 느끼다 · 59

분석해서 보기 | 베토벤과 브로이닝 집안의 인연 · 63

모차르트를 만나다 · 64

불쌍한 어머니 · 70

분석해서 보기 | 프랑스 혁명과 계속된 전쟁이 베토벤과 음악계에 미친 영향 · 78

음악의 도시 빈에 나타난 천재

하이든을 만나다 · 83

빈에 둥지를 틀다 · 87

분석해서 보기 | 베토벤이 본 음악의 도시 빈의 풍경 · 93
시간 속으로의 인터뷰 여행 | 하이든 선생님을 만나다 · 94

뛰어난 연주자 베토벤 · 95

분석해서 보기 | 피아노의 발전 단계 · 98

귀족들의 후원을 받다 · 99

나의 생명, 나의 음악

귀여운 악마 리스트와의 만남 · 109
나의 생명, 나의 음악 · 112
유서를 쓰다 · 118
    분석해서 보기 | 자살을 시도한 베토벤이 들려 주는 이야기 · 125
    괴로움에 대해서 고백해 보기 · 128

혁명과 열정의 시간 속에서

어느 영웅의 추억을 찬양하며 · 131
사랑과 우정의 교향곡 · 137
악성 베토벤, 대문호 괴테와 만나다 · 146
    분석해서 보기 | 베토벤이 좋아한 문학가와 사상가 · 150
전 유럽의 명성을 한 몸에 · 152

모든 것을 버린 뒤에 찾아온 기쁨이여, 기쁨이여

빈은 베토벤을 버리다 · 159

조카의 아버지가 되다 · 167

기쁨이여, 기쁨이여 · 177

주여, 나를 불쌍히 여기소서

영원한 음악의 이상 · 185

베토벤의 장례식 · 191

분석해서 보기 | 오케스트라를 위하여 만들어진 4악장 소나타, 교향곡에 대하여 · 196

다솔이의 가상 일기 · 199

루트비히 판 베토벤 연보 · 204

베토벤에 대한 사전 지식

　베토벤은 고전주의 음악가이면서도 낭만주의 음악의 문을 연 위대한 음악가이다. 세기의 음악가 베토벤은 독일 라인 강변의 본에서 3남 중 장남으로 태어났다. 그의 할아버지는 네덜란드에서 이민 온 궁정 악단의 단원이었고, 아버지 요한도 궁정 악단의 테너 가수였다. 베토벤이 어려서부터 음악적인 재질을 보이자 아버지는 아들을 모차르트와 같은 신동으로 만들어 돈벌이를 할 생각으로 혹독한 음악 훈련을 시켰다. 그러나 그로 말미암아 베토벤이 아버지에 대한 반항심을 키우면서 고집세고 비타협적인 사람이 되고 말았다.

　베토벤은 17세 때 당시 음악의 중심지였던 빈에서 본격적인 음악 교육을 받기 시작했다. 그리고 22세 때부터는 피아니스트로 활약하기 시작했다. 그런 가운데 피아노 소나타 〈비창〉, 〈월광〉, 〈제1교향곡〉 등 다채로운 음악을 발표하면서 그는 작곡가로 빈 사교계에 소개되었다. 희망과 활력이 넘치던 초기의 작품 세계는 비극적인 귓병의 시작으로 바뀌기 시작했다. 청력을 잃을지도 모른다는 불안감과 나빠지는 건강은 베토벤으로 하여금 유명한 하일리겐슈타트 유서를 남긴 자살 소동까지 일으키게 만든다. 하지만 그는 불굴의 정신으로 고뇌를 극복하고 다시 한 번 맹렬한 창작 활동을 하기에 이른다. 교향곡 제3번에서 8번에 이르기까지의 주옥 같은 작품들과 소나타 〈열정〉, 〈발트슈타인〉은 귓병과 겨루기라도 하듯 차례로 창조되었다. 이 시기에 그와 친분이 있었던 괴테가 '이토록 집중적이고 정력적이며 내면적인 예술가는 본 적이 없다' 라며 감탄할 정도였다.

　그러나 나이가 들어 갈수록 귓병이 더욱 심해져 나중에는 대화 자체를 할 수 없게 되었다. 하지만 이 와중에도 〈제9교향곡〉, 〈장엄 미사곡〉이 잇달아 창작되던 말기의 베토벤은 아무도 도달하지 못한 최고의 경지에까지 이르렀다.

음악가가 될 운명을
타고난 아기

할아버지의 예언

베토벤은 보잘것 없는 가난한 집의 다락방에서 태어났다. 베토벤이 태어났을 때, 할아버지는 베토벤이 훌륭한 음악가가 될 거라고 말했다. 이제 갓 태어난 아기에게 할아버지는 어떻게 그런 말을 할 수 있었을까?

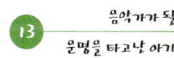

할아버지의 단순한 바람이었을까, 아니면 할아버지 나름대로 갓 태어난 손자의 얼굴에서 음악가가 될 싹을 발견했을까? 아버지, 할아버지가 모두 음악가였던 베토벤은 혹시 음악가가 될 운명을 타고난 것은 아닐까? 만일 베토벤이 음악가가 되지 않았다면 무엇을 했을까? 어쩌면 공화정을 꿈꾸고, 그 꿈을 이루려고 노력하는 정치가가 되었을 수도 있다.

그렇지만 베토벤에게 있어서 음악은 태어나는 순간부터 죽는 날까지 인생의 전부였고, 그가 할 수 있었던 오직 하나의 일이었다. 베토벤은 언젠가 자살을 결심했다가 생각을 바꾸고 이렇게 말한 적이 있다.

"절망에 빠져 스스로 목숨을 끊으려고 했지만, 예술 때문에 목숨을 버리지 않았다."

베토벤은 자신에게 주어진 사명을 완수하기 전에는, 자신의 예술 세계를 완성하기 전에는 결코 죽을 수 없었던 것이다. 팔짱을 끼고 입을 굳게 다문 채 악상을 생각해 내려고 헤매었던 그 거리들은 지금도 그러한 베토벤의 모습들을 구석구석 담고 있다.

예술에 대한 열정으로 평생을 보낸 베토벤. 귀머거리라는 커다란 짐을 안고 관중들의 열렬한 환호에도 그저 입을 꾹 다문 채 서 있기만 했던 베토벤. 하지만 그의 고귀한 예술혼은 불행한 자신의 운명을 이겨 냈다. 오랜 세월이 지난 지금까지도 사람들의 사랑을 받을 수 있는 것은 어려움 속에서도 굽히지 않았던 베토벤의 높은 정신 때문이 아닐까?

오늘 우리는 다시 베토벤이 자신의 음악 속에서 꿈꾸었던 세계를 찾아 여행을 떠난다. 혹시 베토벤이 꿈꾸었던 세상은 지금 우리가 살고 있는 세상이 아니었을까? 아니, 지금 이 시대보다 훨씬 더 먼 어떤 미래의, 모든 것들이 아름답고 행복하게 어울려 살아가는 세상을 꿈꾸었을 것이다.

그러나 그토록 아름답고 행복한 세상은 너무 멀리 있고, 그렇기 때문에 살아 생전의 베토벤은 괴로워했다. 그리고 그 괴로움의 힘으로 시간과 공간을 넘어 우리의 영혼과 마음을 울리는 음악을 빚어 낸 것이다.

분석해서 보기

서양의 귀족 사회와 궁정 음악

여러분은 텔레비전이나 책에서 옛날 우리 나라 왕이나 양반들이 거문고나 가야금 연주를 감상하고 있는 모습을 본 적이 있나요?

베토벤이 살았던 때는 어떤 사람들이 음악가들의 음악을 들었을까요? 지금은 여러분이 원하기만 하면 언제 어느 때라도 듣고 싶은 음악을 들을 수 있죠? 심지어는 미국이나 멀리 다른 나라의 가수나 연주자의 음악을 들을 수도 있어요. 직접 가서 들으려면 돈을 내야 하지만요.

베토벤 시대의 청중들은 주로 귀족이었어요. 이들은 백작이라든지 후작, 남작으로 불리던 사람들이었고, 왕이나 왕자들도 있었다고 해요. 음악을 잘 모르는 귀족들은 음악가들의 음악을 들을 자격이 없다고 생각을 했을지도 모르지만요, 당시의 귀족들 중에는 음악에 깊은 관심을 가졌던 사람도 많고, 연주 실력이나 음악에 대한 지식이 뛰어난 귀족들도 많았어요. 자신들의 저택에 연주회장을 만들어 음악가를 초청해서 연주를 듣기도 했구요. 또, 작은 악단을 두고 연주를 하게 하는 귀족들도 있었지요. 음악가들에게 연주를 하게 하고 그에 대한 대가로 일 년에 일정한 돈을 주는 거죠. 이런 것 때문에 많은 음악가들이 귀족들의 생각이나 기분에 따라서 음악을 작곡하는 일이 많았지만, 베토벤은 이런 귀족들의 요구를 따르지 않고 자신만의 음악 세계를 펼쳐 나간 자유로운 음악가였답니다.

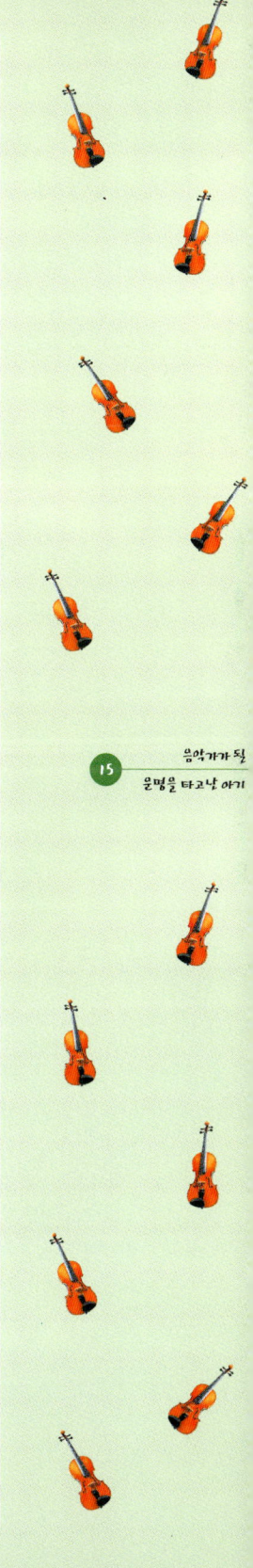

음악가의 집안에서 태어난 베토벤

사람은 모두 평등한 존재라고 말한다. 다만, 사람에 따라 태어날 때의 환경이 다르고, 부모의 관심 분야가 달라 서로의 길이 달라질 뿐이다. 베토벤의 경우에는 태어날 때부터 궁정 악단의 악사였던 할아버지와 테너 가수였던 아버지의 영향을 크게 받을 수밖에 없었다.

베토벤은 1770년 12월 17일 독일의 본이라는 도시에 있는 성 레미기우스 교회에서 세례를 받았다. 그 때에는 아기가 태어나면 24시간 안에 세례를 받아야 했기 때문에 베토벤이 태어난 날짜를 16일이나 17일로 보고 있다.

베토벤의 가계는 크게 내세울 것이 없는 집안이었다. 그래서인지 베토벤의 집안에 대해서는 기록이 별로 남아 있지 않다. 베토벤의 중간 이름에 'van(판)'이라는 말이 들어가는데, 이 말은 당시 귀족에게 붙었던 'von(폰)'과는 달리 평민을 뜻하는 것이었다.

17세기 초, 벨기에의 작은 마을에서부터 베토벤의 가계는 시작되었다. 선조 가운데에는 화가, 조각가, 목사가 있었다. 장사를 한 사람들도 있는데 주로 술을 파는 사람들이 많았다고 한다.

　베토벤의 할아버지에 대한 기록은 비교적 자세히 남아 있다. 할아버지는 1712년에 태어나 열아홉 살 되던 해에 궁정 교회의 독창자로 본으로 옮겨 왔다. 궁정 교회의 독창자로 뽑힐 만큼 할아버지는 노래를 잘 했고, 또 착실하게 자신의 임무에 충실했다. 그래서 1761년에는 합창 지휘자가 되기도 했다. 할아버지는 직접 작곡을 하지는 않았지만, 인품이 훌륭해서 사람들로부터 존경을 받았.

　베토벤의 할아버지는 아들의 결혼에 불만을 갖고 있었다. 베토벤의 아버지가 이혼한 여자와 결혼했기 때문이다. 게다가 그 여자는 당시 신분이 낮은 요리사의 딸이기도 했다. 그 여자가 바로 베토벤의 어머니였다.

　그렇지만 할아버지는 며느리에 대한 불만을 베토벤이 태어나기 이전에 모두 지워 버릴 수 있었다. 베토벤의 어머니는 살림을 아주 잘 했고, 무능한 아들에 대해 불평 한 마디 하지 않았기 때문이었다. 베토벤이 태어나는 날, 할아버지는 애정이 가득 담긴 눈으로 아기를 쳐다보면서 말했다.

　"내 손주는 반드시 훌륭한 음악가가 될 거야. 요 녀석 이름은 내

이름을 따서 '루트비히'라고 지어야겠는걸."

"고맙습니다, 아버님! 잘 키울게요."

베토벤에게는 원래 형이 하나 있었다. 형의 이름은 루트비히 마리아였는데, 세례를 받고 나서 엿새 만에 죽고 말았다. 그 바람에 베토벤은 첫째 아들, 즉 집안의 맏이가 되고 말았다.

베토벤의 밑으로는 남동생 카스파르 안톤 카를과 니콜라우스 요한이 있었다. 장남이 된 베토벤은 훗날 집안의 가장으로서 매우 심한 마음 고생을 한다.

할아버지는 베토벤을 데리고 다니기를 좋아했다. 베토벤의 집 주위에는 멀고 먼 동유럽 어딘가에서 흘러오는 라인 강이 있었다. 옛날부터 슬프고 아름다운 전설이 전해 내려오는 라인 강, 수많은 예술가들에게 영감을 불어넣어 주던 라인 강, 때때로 강 한가운데를 오르내리는 나룻배들은 한 폭의 그림처럼 베토벤의 고향을 수놓았다. 그런 라인 강가를 할아버지와 손자가 손을 마주 잡고 산책을 즐겼던 것이다.

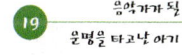

할아버지는 라인 강을 가슴에 안고 뛰어난 예술가가 된 사람들처럼, 베토벤도 라인 강을 가슴에 품길 바랐을 것이다.

할아버지는 어린 루이에게 노래를 들려 주었다. 뛰어난 가수인 할아버지의 노랫소리가 라인 강의 물결 소리에 섞여 어딘가로 퍼져 나갔다. 그럴 때면 루이는 할아버지 곁에서 두 눈을 지그시 감고 노랫소리와 물결 소리에 그윽히 젖어들고는 했다.

이윽고 할아버지의 노래가 끝나면, 꿈에서 깨기라도 한 것처럼 루이는 떼를 썼다.

"하부지, 한 번만 더 불러 주세요."

그럴 때마다 할아버지는 기분 좋게 웃으며 물었다. 자신의 실력을 알아 주는 루이가 고맙기라도 한 것처럼.

"루이, 넌 이 할아버지의 노래가 좋으냐?"

"네, 하부지. 저도 나중에 어른이 되면 하, 하부지처럼 가수가 될 거예요."

말을 배운 지 얼마 되지 않은 루이가 더듬거리며 대답했다.

"그럼, 그래야지. 누구 손잔데! 우리 루이는 꼭 훌륭한 음악가가 될 거야. 넌 나를 쏙 빼닮았거든."

그 무렵 베토벤의 아버지는 술과 여자에 빠져 매우 방탕한 생활을 하고 있었다. 할아버지는 자기 아들에 대한 기대를 모두 포기한 상태였다. 그리고 아들에 대한 기대를 이제 겨우 아장아장 걷기 시작한 손주, 루이에게 대신 걸고 있었던 것이었다.

그러나 할아버지의 기대는 너무 짧은 순간으로 그치고 말았다. 베토벤이 세 살 되던 해에 할아버지가 세상을 떠나고 만 것이다. 그토록 아낌없는 사랑과 보살핌을 쏟던 할아버지가 이젠 세상에 없게 된 것이다. 아직 아무것도 모르는 나이였지만, 루이는 할아버지를 무척이나 따랐다. 그런 루이에게 어느 순간부터 할아버지의 모습이 보이지 않았다. 그 뒤로 루이가 할아버지를 부르며 우는 날이 얼마 동안 계속되었다.

혹시 강가를 걷고 있는 것은 아닐까 싶어 라인 강가로 나가 보았지만, 할아버지의 모습은 보이지 않았다. 아직 아기 티를 벗지 못한 베토벤이었지만, 그럴 때마다 풀밭에 주저앉아 할아버지를 그리워하고는 했다. 그리고 루이는 그렇게 슬픔에 잠겨 라인 강의 물결 소리를 들으며, 조금씩 예술가의 영혼을 몸 속에 담아 들이기 시작했다.

비록 짧은 동안이었지만, 할아버지가 베토벤을 사랑하는 마음은 너무도 큰 것이었다. 그런 만큼 베토벤은 인정받는 음악가가 된 뒤에도 어린 날의 할아버지를 떠올리곤 했다. 그리고 베토벤이 언제라도 라인 강가에 서면, 강의 물결 속에서 할아버지의 얼굴이 노랫소리가 되어 울려 퍼지고는 했던 것이다.

베토벤의 할아버지인 루트비히 판 베토벤

훗날, 베토벤은 오스트리아 빈에서 음악 활동을 하는 내내 그리운 라인 강을 거닐어 보고 싶어했다. 베토벤은 친구인 베겔러에게 보내는 편지에서 라인 강을 그리워하는 자신의 심정을 이렇게 쓰고 있다.

우리의 어버이 라인 강에 인사를 드릴 수 있게 되는 날이 내 일생의 가장 행복한 순간일 것이다.

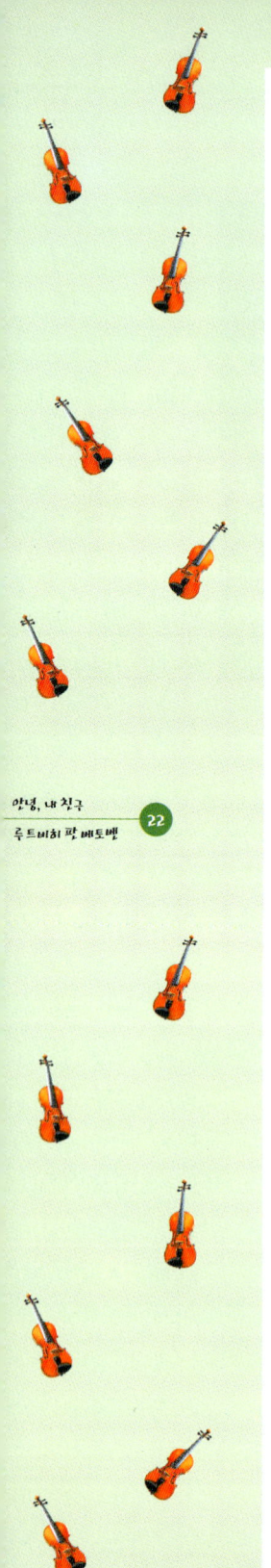

분석해서 보기

위대한 예술가의 고향, 라인 강

시를 쓰거나 그림을 그리거나 음악을 하는 사람들에게 자연은 중요한 구실을 한다. 조물주의 위대한 창조물이자, 수십억 년 세월이 빚어 낸 진화의 산물인 자연은 우리 인간에게 언제나 위대한 존재로 남아 있고, 우리를 살아가게 하는 원동력이 된다.

자연은 또한 예술가들의 마음의 고향이기도 하다. 예술가의 가슴과 머리를 흔들어 우리의 마음을 울리는 예술을 창조하게 하는 것이다. 예술가들은 위대한 자연을 가슴에 담고, 순간순간 변하는 그 모습을 자신의 작품 속에 나타내고 싶어한다. 또한 어떻게 하면 조물주(신)의 오묘한 손길을 더 잘 표현할 수 있을까 고민하기도 한다.

라인 강은 베토벤에게 마음의 고향이자 정신의 어버이였다. 라인 강은 너무도 인간적이라고 할 만큼 살아 있는 느낌을 주는 강이다. 그리고 무수한 사상이 물결 속에 흐르고, 아름다움과 아픔과 눈물이 늘 강가에 머무는 영혼의 강이기도 하다.

라인 강은 독일의 작은 도시 본에 이르러서는 가장 아름답고, 가장 늠름하고 가장 따뜻한 모습으로 흘러간다. 이름 모를 꽃들이 피어 있는 응달진 언덕 밑을 힘차게 어루만지듯 흘러가는 것이다.

베토벤은 라인 강을 보며 20년을 살았고, 그 곳에서 젊은 날의 꿈을 키웠다. 그의 음악 속에 나오는 열정과 잔잔한 새 소리, 조물주를 찬양하는 아름다운 멜로디들은 그가 끊임없이 듣고자 했던 자연의 소리들이다. 물 위에 잔잔히 비치는 목장에는 안개에 묻힌 포플러 나무들, 우거진 수풀, 휘늘어진 수양버들이 바라다 보이고, 과일 나무들은 소리 없이 흘러가는 강물 속까지 뿌리를 담그고 있다.

또, 강기슭 언덕에는 마을과 교회당과 묘지가 서로 어울려 강 마을의 아름다운 풍경을 더해 가고 있다. 지평선에는 '일곱 개의 푸른 산봉우리'가 변화 무쌍한 모습을 하늘에 그려 내고, 그 꼭대기에는 무너진 고성들의 앙상하고 야릇한 영상이 서려 있었다. 베토벤은 그렇게 아름답고 위대한 풍경들 속에서 어린 날을 보낸 것이다.

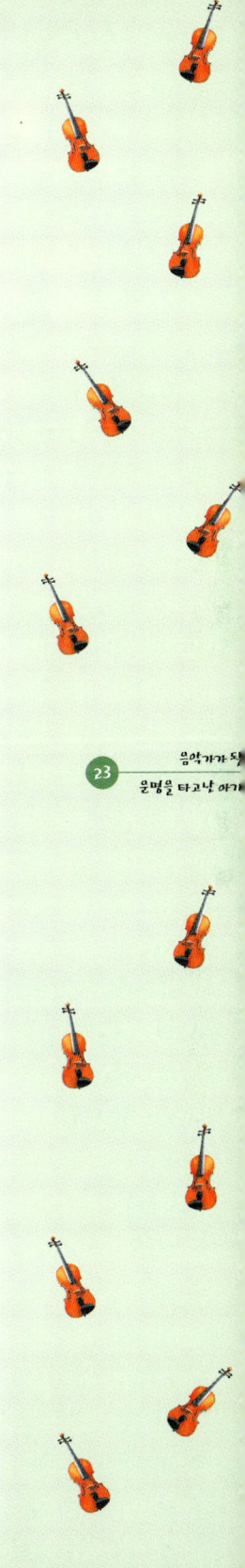

아버지, 왜 내가 천재가 되어야 하죠?

할아버지가 세상을 떠난 뒤, 아버지의 술주정은 날이 갈수록 심해졌다. 그런 가운데서도 자신이 이루지 못한 뜻을 루이에게 대신 이루게 하려는 지나친 욕심을 부리는 것이었다. 겨우 네 살짜리 베토벤에게 클라브생(피아노의 전신) 앞에 오랫동안 앉아 있게 하거나 바이올린을 주고 방 안에 가두기도 하였다.

어머니는 그럴 때마다 안타까운 마음으로 조심스럽게 남편의 행동을 지켜 보아야 했다. 도무지 남편 때문에 루이에 대한 걱정이 떠날 날이 없었다.

더욱 걱정스러운 것은 남편의 지나친 욕심 때문에 어린 루이가 오히려 음악에 대한 관심을 잃어버리지나 않을까 하는 점이었다. 만일 그렇게 된다면 자신을 이해해 준 시아버지의 기대마저도 저버리는 꼴이 되고 마는 것이다.

'저러다가 우리 루이가 음악을 아주 싫어하게 되지나 않을까? 저

이는 도무지 내 말을 듣지 않으니…….'

어머니는 루이가 아버지의 술주정과 욕심 때문에 지쳐 있는 날에는 남편 몰래 베토벤을 찾아왔다.

"루이야, 힘들지?"

"네, 엄마. 어떤 때는 정말 피아노도 바이올린도 다 싫어져요."

"그래, 아들아! 할아버지께서는 네가 훌륭한 음악가가 될 거라고 하셨어. 엄마도 그렇게 믿고 있고. 루이! 힘들더라도 잘 참고 힘을 내야 해."

비록 베토벤은 어린아이에 지나지 않았지만, 이미 어머니의 마음과 처지를 잘 이해하고 있었다.

'어머니는 정말 내가 훌륭한 음악가가 되길 바라고 계시는구나. 그렇지만 아버지의 마음은 잘 모르겠어.'

아버지도 베토벤에게 음악적 재능이 있다는 것을 알고 있었다. 그러나 아버지는 그 재능을 다른 곳에 이용하려고 했다. 즉 베토벤을 이용해서 돈을 벌려는 욕심이었다.

'연주만 뛰어나게 한다면 많은 사람들이 찾아오겠지. 그러면 돈을 벌 수 있고, 내 신세도 완전히 달라질 거야.'

아버지는 자신의 욕심을 위해 베토벤에게 매우 가혹한 연주 연습을 시켰다. 베토벤은 아버지 뜻을 거스르지 않았다. 그 뜻을 따르기엔 아직 너무 어렸지만, 음악을 사랑하는 마음 하나로 버텨낼 수 있었다.

베토벤은 때때로 아버지가 시키는 것을 어기고 자기 고집대로 연습하기도 했다. 어느 날 베토벤은 악보 없이 바이올린을 연주하고 있었다.

이 광경을 본 아버지가 짜증 섞인 목소리로 말했다.

"루이야, 악보도 없이 무슨 바이올린을 켠다는 거냐? 어서 악보를 보면서 연습하도록 해라. 그렇지 않으면 넌 바이올린 실력이 하나도 늘지 않을 거야. 그렇게 연습하는 건 아무 쓸모 없는 짓이기도 하고."

그래도 베토벤은 계속 악보 없이 자기 방식대로 바이올린을 연주하는 것이었다.

"이 녀석이 애비 말을 우습게 아는구나. 너 자꾸 네 고집대로만 할 거냐?"

그렇지만 아버지는 다른 날보다 심하게 화를 내지 않고 베토벤이 연주를 다 마칠 때까지 기다려 주었다. 술도 마시지 않았는지 베토벤의 연주를 진지하게 감상하기까지 했다.

베토벤은 연주를 끝마치고 나서 아버지에게 말했다.

"아버지, 이 곡 아름답지 않아요?"

"음, 왠지 아빠 마음을 끌어당기는구나. 그런데 지금 연주한 곡은 네가 만든 것이냐?"

베토벤은 자못 긴장한 표정으로 고개를 끄덕였다. 아버지는 지금까지 한 번도 베토벤을 칭찬해 본 적이 없었다. 아니, 식구들 누구에게도 따스한 말 한 마디 잘 건네지 않는 사람이었다. 그런데 오늘 아버지는 아주 다른 모습을 하고 있었다. 베토벤이 악보도 없이 연주하는 것을 진지하게 들어 주는가 하면, 부드러운 목소리로 베토벤에게 말을 건네기까지 하는 것이다.

그러나 아버지는 베토벤의 연주를 다 듣고 나서 베토벤의 기대와는 좀 거리가 먼 말을 했다.

"하지만 넌 아직 그런 짓은 하지 마라. 지금 너한테 중요한 건 피아노와 바이올린에 잘 적응하는 일이야. 어떤 악보든 정확하고 재빠르게 연주해 낼 수 있어야 사람들한테 인정받을 수 있어. 그리고 그렇게 훈련을 쌓고 나면, 네가 생각하는 것을 얼마든지 음악으로 나타낼 수 있지. 그게 올바른 길이기도 하고. 그러니 지금은 그런 것에 관심을 갖지 말고 연습이나 해라. 넌 아직은 그렇게 할 때가 아니야."

아버지는 타이르듯이 베토벤에게 말했다. 그러나 베토벤은 아버지가 말은 저렇게 하지만, 속마음은 그렇지 않다는 것을 알 수 있었다. 아버지는 아들의 뛰어난 재능을 알아보고 마음 속으로 좋아하고 있었던 것이다.

그 뒤로도 아버지는 베토벤에게 쉴 틈을 주지 않고 피아노와 바이올린을 연습하게 했다.

아버지가 밤늦게 들어오는 날도 베토벤이 연습하고 있지 않으면 심하게 야단을 쳤다.

그리고 하루빨리 아들의 감추어진 재능을 세상 사람들에게 보여 주고, 돈을 벌 수 있는 날만을 기다리게 되었다.

어느 날, 아버지는 베토벤의 연주를 들으러 온 동네 사람들에게 이렇게 자랑을 했다.

"루이는 이제 하나밖에 없는 내 기쁨일세. 그 앤 음악에 관한 한 천재거든. 연주면 연주, 작곡이면 작곡, 막힘이 없다니까. 자네들도 내 아들의 연주를 한 번 듣고 나면 칭찬하지 않고는 못 배길 걸. 내 아들 루이는 이제 세계 최고의 음악가가 될 거야. 자네들도 내 아들의 이름과 얼굴을 꼭 기억하고 있어야 할 걸세."

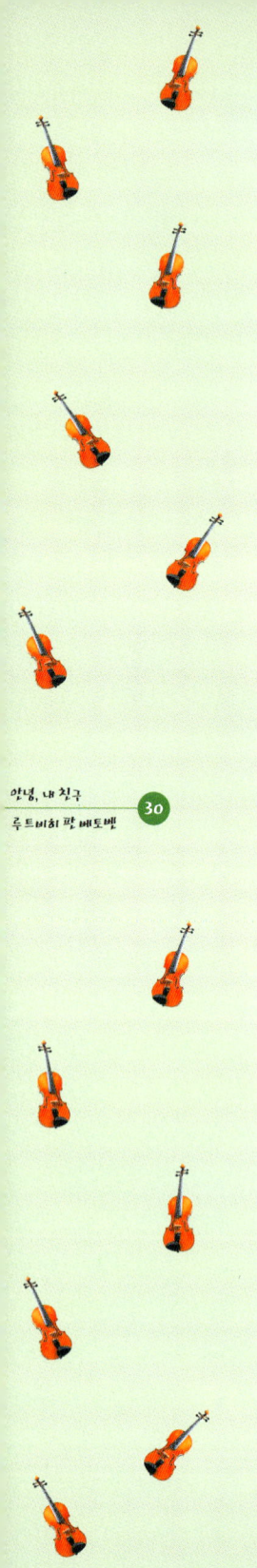

분석해서 보기
베토벤의 영원한 이상향, 자연

옛날부터 예술가들은 끊임없이 자신과 함께 하는 자연 속에서 무엇인가를 찾으려고 해 왔으며, 자연과 하나가 되려고 애써 왔다. 그렇지만 베토벤에게 자연은 더욱 특별한 것이었고, 인간보다도 더욱 가까운 벗이자 유토피아(이상향)였다.

귀가 들리지 않게 된 뒤에, 베토벤은 자연 속에서 위안을 얻을 수 있었다. 자연은 그의 안식처였다. 1815년에 베토벤을 사귄 찰스 니트는 이렇게 말했다.

"나는 여태까지 꽃, 구름 등 자연을 완전히 사랑할 줄 아는 사람을 본 일이 없다. 나는 지금 그런 사람을 찾았다. 그는 바로 베토벤이다."

베토벤은 자연으로부터 살아가는 힘을 얻었다.

"나처럼 자연을 사랑할 수 있는 사람은 없다. 나는 사람보다 한 그루의 초목을 더 사랑하니까."

베토벤은 시골에 있을 때면 새벽부터 밤까지 모자를 쓰지 않고 해가 떠 있거나, 비가 내리거나 홀로 걸었다.

"전능하신 신이여! 숲 속에 있으면 나는 행복합니다. 그 곳에선 나무들이 당신의 말씀을 이야기하고, 신이여, 이 숲 속, 저 언덕 위의 고요함! 당신을 섬기기 위한 것이여!"

꼬마 천재, 사람들 앞에 서다

못 말리는 개구쟁이 베토벤

　베토벤이 어렸을 때, 그의 식구들은 피셔라고 하는 사람의 집에서 세를 살았다.
　안주인인 피셔 부인은 닭을 기르고 있었는데, 어느 날 암탉이 낳은 알을 가지러 왔다가 머리를 갸웃거렸다.
　"이상한 일이야. 오늘따라 왜 알이 모자라지? 이제 알을 낳지 않는 닭이 있는 모양이지?"
　피셔 부인은 의아해하다가는 무슨 생각이 들었는지 한 구석에 숨어서 닭장을 지켜 보았다.
　'혹시 애들이 장난치거나 훔쳐 간 것일지도 몰라. 여기 숨어서 지켜 보면 무슨 꼬투리라도 잡을 수 있겠지.'
　그러나 그렇게 한참을 지켜 보았지만, 닭장 근처에는 아무도 오지 않았다.
　그러던 어느 날, 그 날도 피셔 부인은 몰래 숨어서 닭장을 지켜 보

고 있었다. 그런데 그 때 누군가 두리번거리며 닭장으로 다가오고 있는 것이 아닌가.

'아니, 저게 누구지?'

닭장의 방문자는 바로 베토벤. 녀석이 울타리를 따라 살금살금 닭장으로 기어가는 것이 아닌가!

부인은 냉큼 뛰어갔다.

"루이 요 녀석! 여긴 뭐 하러 왔지?"

그런데 꼬맹이 베토벤의 반응은 무서워 떨기는커녕 어처구니없을 정도로 능청스러웠다.

"동생 손수건이 이 쪽으로 날려 왔거든요. 손수건을 가지러 온 거예요."

피셔 부인은 딱 잡아떼는 베토벤의 말에 기가 막혔다.

"그래? 흥, 이 녀석 그렇게 잡아떼면 누가 모를 줄 알고? 이제야 우리 달걀이 자꾸 없어지는 이유를 알겠군."

피셔 부인은 몹시 화가 난 듯 당장이라도 어린 베토벤의 뺨을 한 대 때릴 기세였다. 그렇지만 베토벤은 아주 태연하게 말했다.

"아줌마, 아줌마가 화를 내시는 건 저도 이해해요. 누구나 다 화를 낼 만한 일이기도 하지요. 그렇지만 한번 잘 생각해 보세요. 아줌마가 암탉들을 잘 몰라서 그러는데요, 암탉들은 자주 자기 알을 숨긴다고요. 그러니까 숨겨 놓은 알을 찾게 되면, 아주머니는 오히려 기뻐하실걸요. 게다가 여우는 또 얼마나 소문난 달걀 도둑인데요. 그 여우란 놈이 달걀을 훔쳐 간다는 말도 있던걸요."

그러나 피셔 부인은 만만하게 속아 넘어가지 않았다.

"네가 바로 그 교활한 여우 녀석이 아니더냐? 여우처럼 벌써부터 도둑질을 해대면, 이 다음에 무엇이 되겠니?"

베토벤은 여전히 싱글싱글 웃으면서 대답했다.

"그건 하느님만이 아실 거예요. 아줌마 말씀대로라면 전 지금 여우 같은 연기자인 셈이네요?"

"그럼, 게다가 달걀 도둑 여우이기도 하지!"

피셔 부인의 말이 떨어지기 무섭게 베토벤과 동생은 '헤헤' 웃으며 달아나 버렸다. 피셔 부인은 달아나는 아이들을 보면서 웃을 수밖에 없었다. 당돌하지만 재치 있는 아이 아닌가. 그러면서 피셔 부인은 생각했다.

'그래, 비록 달걀을 도둑맞긴 했지만, 그것을 루이한테 책임지라고 할 순 없지.'

어느 여름날, 아침 일찍 수탉 한 마리가 집 뒤에 내려 앉았다. 선잠에서 깨어난 베토벤은 그 닭을 똑바로 쳐다보았다. 그리고는 모여 있는 아이들에게 말했다.

"얘들아, 저 수탉 굉장히 멋있지? 참 멋진 젊은 가수 같은걸. 그렇지! 이렇게 하도록 하자. 내가 저 놈을 잡는다면 수탉 대신 새벽마다 내가 울어서 동네 사람들을 깨우도록 하지."

루이와 동생들은 빵가루를 던져 주면서 닭이 가까이 다가오게 했다. 베토벤은 빵가루 먹는 데 정신이 팔린 수탉의 날갯죽지를 냉큼 움켜쥐었다. 그리고는 수탉이 소리치지 못하게 모가지를 꽉 움켜잡고는 다락방으로 살금살금 올라갔다.

다음 날, 집주인의 아들 요한 피셔가 그 사실을 알고 루이를 찾아와 말했다.

"수탉은 분명히 음악가가 되었을 거야. 밤새 얼마나 소란을 떨던지······."

베토벤은 시치미를 떼고 말했다.

"그 놈이 푹 익었을 때, 난 이미 지쳐 버렸지. 그래서 제대로 먹지도 못했다니까. 참, 이번 일 우리 엄마 아빠에게 말하면 안 돼. 네가 고자질하는 날에는 우리 세 형제 모두 집에서 쫓겨나고 말 거니까."

그러면서 뻔뻔스럽게 한 마디 덧붙였다.

"이른 아침에 자기 집 뜰에 날아온 것을 먼저 본 사람이 임자라는 것은 너도 잘 알 거야. 아마 옛날부터 그렇게 법으로 정해져 있을 걸. 그리고 내가 생각하기에도 그게 옳고. 사람들이 자기가 기르는 가축을 잘 돌보지 않으면, 가축들 때문에 다른 사람이 큰 피해를 볼 수 있거든."

뻔뻔한 말썽꾸러기 베토벤은 일곱 살에 처음 학교에 다니기 시작했다. 학교에서는 라틴 어와 간단한 덧셈, 뺄셈을 가르쳤다. 그러나 베토벤은 학교 공부에 재미를 느끼지 못했다. 결국 베토벤은 열한 살에 학교를 그만두었다.

그렇게 학교를 그만둔 베토벤은 덧셈만 겨우 할 정도였다.

게다가 제대로 계산을 하는 일도 드물어, 아주 쉬운 덧셈도 틀리기 일쑤였다.

베토벤은 초등 학교를 그만두고 나서, 1년 동안 라틴 어 학교를 다녔다. 그렇지만 베토벤은 친구들에게 좋은 소리를 듣는 아이가 아니었다. 친구들은 늘 베토벤을 손가락질했다. 그 이유는 베토벤이 잘 씻지 않아 매우 지저분한 아이인 데다가, 수업을 빼먹는 일을 밥 먹듯 했기 때문이었다.

그런 가운데서도 베토벤은 프랑스 어는 아주 잘 했다. 또 라틴 어와 이탈리아 어도 제법 할 줄 알았다.

나이를 속이고 한 첫 연주회

본에서 가까운 곳에 쾰른이라는 작은 도시가 있다. 어느 날, 그 도시의 건물 벽마다 이상한 포스터가 붙기 시작했다. 그 포스터는 음악회가 열린다는 내용을 담고 있었다.

여섯 살짜리 어린 소년 루트비히 판 베토벤의 피아노 연주회가 학교 강당에서 열림.
곡목은 여러 곡의 콘체르토와 3중주.

베토벤은 많은 사람들 앞에서 처음으로 연주를 하는 기회를 잡았다. 물론 아버지의 극성이 만들어 낸 연주회였다. 그래도 어린 베토벤은 연주회를 앞두고 몇 날 며칠을 설레는 기분으로 보내야 했다.
드디어 연주회가 열리는 날, 베토벤은 아버지를 따라 쾰른으로 갔다. 쾰른에 도착한 베토벤은 벽마다 붙어 있는 포스터를 보고는 머리를 갸웃거렸다. 그리고는 아버지에게 물었다.

"아버지, 저는 여덟 살인데 포스터에는 왜 여섯 살이라고 되어 있어요?"

그러자 아버지는 얼른 베토벤의 입을 막고는 주위를 둘러보았다. 그리고는 다른 사람들에게 들리지 않게 작은 소리로 말했다.

"조용히 해라, 루이. 저렇게 해야 사람들을 깜짝 놀라게 할 수 있는 거야. 두고 봐라. 아버지는 너를 모차르트 못지않은 천재 음악가로 만들 테니까."

베토벤의 첫 연주회는 큰 박수를 받으며 무사히 끝났다. 사람들은 칭찬을 아끼지 않았다. 아버지도 무척 기뻐했다. 그리고 사람들 앞에서 자랑스럽게 말했다.

"저 아이가 바로 내 아들이지요. 제가 직접 음악을 가르쳤어요."

첫 연주회가 끝난 이후, 베토벤은 이제 더 이상 아버지에게서 음악을 배우지 않았다. 아버지는 베토벤이 평범한 아이가 아님을 알 수 있었다. 그것은 곧 자신과 같은 평범한 음악가가 가르칠 수 있는 아이가 아니라는 것을 말하기도 했다.

아버지는 베토벤이 실력 있는 선생님 밑에서 음악 공부를 할 수 있도록 해야겠다고 생각했다. 그리고 베토벤에게 말했다.

"루이야, 이젠 너도 음악을 좀더 깊이 있게 공부해야 할 때가 된 것 같구나. 아빠의 실력으로는 이제 더 가르칠 것이 없다. 어서 훌륭한 음악 선생님을 만나 너의 재능을 갈고 닦아야지."

새로운 선생님과 함께

아버지는 여러 곳에 알아본 끝에 베토벤을 한 음악 선생님에게 데려갔다. 그 음악 선생님의 이름은 파이퍼라고 했다. 베토벤은 새 선생님 파이퍼 밑에서 깊이 있는 공부를 하게 되었다.

새로 만난 파이퍼 선생님은 매우 엄한 사람이었다. 베토벤은 파이퍼 선생님의 엄격한 감독 속에서 음악을 공부했다.

파이퍼 선생님은 때때로 자고 있는 베토벤을 깨워 피아노 앞으로 데려가기도 했다. 그럴 때마다 베토벤은 졸린 눈을 연신 비벼 가며 피아노를 쳐야 했다.

그러나 파이퍼 선생님이 언제나 엄격하기만 한 것은 아니었다. 베토벤이 피아노를 아주 잘 쳐서 기분이 좋은 날에는 은으로 만들어진 자신의 플루트를 꺼내 연주를 하기도 했다.

그 날도 기분이 좋아진 파이퍼 선생님이 플루트를 불었다. 그러자 베토벤은 그 곡에 맞춰 피아노를 치기 시작했다. 베토벤의 피아노

반주는 플루트 소리와 아주 아름답게 어우러졌다.

"루이! 정말 훌륭하구나! 지금 너와 내가 연주한 곡을 적어 놓도록 해라."

플루트를 입에서 뗀 선생님은 매우 놀란 얼굴로 베토벤에게 말했다. 베토벤도 선생님의 칭찬에 기분이 좋았지만, 아직 악보 적는 법을 몰랐다.

"선생님, 저는 아직 악보 적는 법을 모르는데요."

"그래? 아직 악보 적는 법을 배우지 않았구나."

파이퍼 선생님은 베토벤에게 악보 적는 법을 차근차근 가르쳐 주었다.

"루이야, 나는 지금 연주회에 다녀와야 하니까 내가 돌아올 때까지 이걸 다 해 놓도록 해라."

베토벤은 선생님이 돌아올 때까지 그 일을 다 끝낼 수가 없었다. 피아노 연습에 너무 지쳐서 정신을 차릴 수가 없었던 것이다. 악보가 제대로 적혀지지 않았다.

베토벤은 조금만 쉬었다 해야겠다는 생각으로 침대에 몸을 던졌다. 그리고는 곧히 잠들어 버리고 말았다.

얼마나 잤을까? 꿈결에 누군가의 고함 소리가 들려 왔다. 베토벤은 눈을 번쩍 떴다. 파이퍼 선생님이었다. 언제 돌아왔는지 파이퍼 선생님이 눈을 부라리고 베토벤을 보고 있었다.

"이 게으름뱅이 녀석! 어서 일어나지 못하겠니? 내가 시킨 건 해 놓지도 않고 잠이 온단 말이냐? 그래 가지고서 무슨 음악가가 되겠다는 거야!"

화들짝 잠에서 깨어난 베토벤은 겨우 몸을 추스리며 책상 앞에 앉았다. 그렇지만 그것도 잠시, 베토벤은 여전히 머리를 파묻고 연신 잠 속으로 빠져들고 말았다. 물론 그럴 때마다 파이퍼 선생님의 불호령이 떨어졌다. 베토벤은 창문이 뿌옇게 밝아 올 즈음에야 겨우 악보를 다 적을 수 있었다.

베토벤이 아홉 살 되던 해, 네페라고 하는 오르간 연주자가 본으로 왔다. 네페는 베토벤이 열한 살 되던 해에 궁중 악단의 오르간 연주자로 임명되었다.

파이퍼 선생님은 베토벤에게 네페 선생님한테 음악을 배우라고 했다. 베토벤은 네페 선생님을 찾아갔다. 처음 찾아온 베토벤에게 네페 선생님은 바흐의 피아노곡을 주면서 쳐 보라고 했다.

베토벤은 악보를 받아 들고 피아노 앞에 앉았다. 그리고는 거침없이 바흐의 피아노곡을 연주하기 시작했다. 연주가 다 끝나자 네페 선생님은 깜짝 놀란 눈으로 베토벤을 보며 말했다.

"음, 굉장한 실력이구나. 이 정도면 모차르트를 앞지를 수도 있겠는걸. 앞으로 우리 열심히 해 보자."

베토벤은 뛸 듯이 기뻐했다. 이제 비로소 음악다운 음악을 공부할 수 있을 것 같다는 기대감이 베토벤을 흥분시키기에 충분했다.

'이제 나도 제대로 음악 공부를 할 수 있겠구나.'

네페 선생님은 베토벤을 아주 열심히 가르치고 다른 어떤 제자보다 더 아꼈다. 그렇게 베토벤이 열두 살이 되었다. 어느 날 네페 선생님은 전혀 뜻밖의 제안을 했다.

"루이야, 네게 부탁할 일이 생겼어."

"그게 뭔데요, 선생님?"
"네가 궁정 악단의 오르간을 연주해 줘야겠어."
"네? 제가 어떻게 그런 일을 할 수 있겠어요. 그건 선생님 같은 분이 하실 수 있는 일이에요. 저는 아직 나이도 어리잖아요."
"아니다. 너는 나이는 어리지만 충분히 할 수 있어! 사실은 내가 이번에 성주님을 모시고 여행을 하는데 그 동안 네가 내 일을 대신 맡아서 해 주었으면 하는 거란다."

베토벤은 뜻밖에 찾아든 행운에 어안이 벙벙할 정도였다. 그리고는 머리를 꾸벅 숙여 네페 선생님에게 감사를 표시했다.

"선생님, 고맙습니다. 열심히 해 보겠습니다."

베토벤은 열심히 오르간을 연주했다. 다른 사람들이 오기 전에 먼저 나가서 오르간을 연습하기도 했다. 이렇게 열심히 한 덕분에 베토벤은 다음 해 관현악단을 지휘하는 쳄발리스트로 임명되었다. 또한 네페 선생님은 베토벤이 작곡한 작품을 출판하는 데도 도움을 주었다.

베토벤이 열세 살 때, 네페 선생님의 도움으로 〈드레슬러의 행진곡에 대한 아홉 개의 변주곡〉이 출판되었다. 베토벤은 이제 엄연한 음악가가 된 것이다. 음악 잡지에 네페 선생님이 베토벤에 관한 글을 실었다. 베토벤은 음악 잡지를 집어 들었다. 가슴이 쿵쿵 뛰고 있었다. 베토벤은 거기에 실린 글을 단숨에 읽어 내려갔다.

루트비히 판 베토벤은 아주 놀라운 재능을 지닌 열세 살 짜리 소년이다. 이 소년은 피아노를 아주 힘차게 잘 친다. 그는 시주(별도의 연습 없이 악보

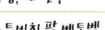

어린 시절 베토벤의 모습

를 보고 즉석에서 연주하는 것)도 아주 잘 한다. 무엇보다도 그가 제바스티안 바흐의 〈평균율 클라비코드〉를 연주한다면 더 이상 말할 것이 없을 정도다. 모든 조의 전주와 푸가를 모아 놓은 이 곡(이는 거의 그 이상의 음악은 있을 수 없는 극치라고 할 수 있을 것입니다.)을 알고 있는 사람이라면 이 말이 무슨 뜻인지를 알 것이다.

나는 내 일도 바쁘지만, 베토벤에게 '화성학 교습'을 위해 통주저음을 가르쳐 왔다. 현재 나는 작곡을 가르치고 있다. 그런 가운데 소년을 격려하기 위해 피아노를 위한 작품 중의 하나인 〈드레슬러의 행진곡에 대한 아홉 개의 변주곡〉을 만하임에서 출판해 주기도 했다. 이 젊은 천재는 '빈 여행'을 위한 보조금을 받을 만하다. 지금과 같은 발전을 계속한다면 그는 분명 두 번째 볼프강 아마데우스 모차르트가 될 것이다.

베토벤은 그 글을 읽고 또 읽었다. 글을 읽는 사이에 여러 가지 생각이 떠올랐다. 미래가 희망적으로 느껴졌다.

'네페 선생님의 말대로 내가 정말 빈으로 갈 수 있을까? 정말 내가 모차르트처럼 훌륭한 음악가가 될 수 있을까? 모차르트를 한 번 만나고 싶어.'

그렇지만 베토벤은 곧 우울해졌다. 지금 자신은 음악만을 생각할 처지가 아니었다. 어머니는 가족들의 생계를 위해 밤낮으로 고생을 하고 있고, 아버지는 여전히 술을 마셨다. 아버지는 가족의 생활을 책임지지 않았다. 베토벤은 어머니 생각을 하자 가슴이 아팠다.
'어머니는 우리가 얼마나 어렵게 사는지 내색은 하지 않지만, 내가 빨리 돈을 벌어 어머니의 고생을 덜어 드려야 해.'

 시간 속으로의 인터뷰 여행
신동 모차르트와 악성 베토벤의 어린 시절의 음악 환경

 여기는 서울, 예술의 전당입니다. 오늘 이 곳에서는 모차르트의 '진혼곡'이 연주될 예정입니다. 이 자리에는 모차르트의 아버지 레오폴드 모차르트 씨가 와 계십니다.

 모차르트는 어릴 때 음악을 접할 기회가 많이 있었나요?

 그럼요. 그 아이는 레슨을 받지 않겠다고 떼를 쓴 적도 없었지요. 다른 아이들보다 진도도 훨씬 빨랐습니다.
모차르트가 다섯 살 때였는데, 한 번도 가르쳐 주지 않은 바이올린을 켰지요. 모차르트는 합주까지도 훌륭하게 마쳤어요. 저는 그 때 말할 수 없이 기뻤습니다.
그래서 저는 백작에게 부탁해서 모차르트가 여섯 살이 되었을 때 유럽으로 연주 여행을 떠났습니다. 사람들에게 모차르트가 천재라는 것을 알리고 그 아이가 마음껏 음악을 할 수 있는 환경도 만들어 주려고요.
연주 여행이어서 때론 병이 나기도 했지만 여행은 성공적이었지요.

모차르트의 아버지
레오폴드 모차르트

빈에 갔을 때에는 쉰부룬 궁에 가서 연주를 했는데 황제는 모차르트를 보고 '내 꼬마 요술쟁이'라고 불렀답니다. 그 때 일이 한 가지 생각나는군요. 왕비가 아이들을 데리고 방을 구경시켜 주고 있는데 모차르트가 미끄러져 넘어졌어요. 그 때 마리 앙투와네트 공주가 모차르트의 손을 잡아 일으켜 주었는데, 글쎄 그 공주님에게 결혼해 달라고 하지 않겠어요?

우리의 여행은 성공적이었어요. 모차르트의 천재성을 알리고 돈도 벌었으니까요.

무엇보다 모차르트에게 음악의 길을 열어 주었다는 것으로 저는 만족했습니다.

 저는 오늘 레오폴드 모차르트 씨의 얘기를 들으면서 베토벤을 떠올렸습니다.

모차르트와 베토벤은 열네 살 정도 차이가 납니다. 그런데 두 사람의 음악적 환경은 많이 달랐다는 생각을 하게 되는군요. 모차르트는 자유로운 분위기와 많은 사람들의 사랑을 받으며 자신의 재능을 마음껏 발휘할 수 있는 환경이 주어졌습니다.

그러나 베토벤은 자신이 음악을 좋아하지 않고 그 음악에 대한 열정과 재능이 없었다면 그 환경에서 도저히 음악을 계속하지 못했을 것이라는 생각이 들었습니다.

베토벤, 음악가의 길로 들어서다

새로운 음악 창조의 즐거움

　이듬해 베토벤은 궁정 악단의 차석(수석 바로 밑) 오르간 연주자가 되었다. 많은 돈은 아니지만, 돈도 받게 되었다. 베토벤은 이제 소원대로 돈을 벌 수 있게 된 것이다.
　어머니도 무척 기뻐하셨다.
　"루이야, 네가 이제 할아버지의 말씀대로 훌륭한 음악가가 되려나 보다. 할아버지께서 살아 계셔서 네 모습을 보신다면 얼마나 좋아하시겠니?"
　눈물마저 글썽이는 어머니 앞에서 베토벤은 제법 어른스럽게 대답했다.
　"어머니, 이제 걱정하지 마세요. 전 얼마든지 잘 할 수 있으니까요. 두고 보세요. 사람들이 저를 보면 꼭 모자를 벗고 인사를 할 날이 올 테니까요."
　어머니는 그런 아들의 모습에서 남편에게서는 느낄 수 없던 책임감과 당당함을 발견할 수 있었다.

"그래, 루트비히. 엄마도 기쁘구나! 열심히 해서 꼭 훌륭한 음악가가 되렴."

베토벤은 궁중 악단에서 열심히 연주하고 지휘했다. 처음에는 나이가 어리다고 비웃던 사람들도 시간이 지나면서 생각을 바꾸기 시작했다. 베토벤의 열정적인 지휘 모습과 뒤죽박죽이 된 음을 그때그때 바로잡는 실력은 말 그대로 아무나 할 수 있는 일이 아니었던 것이다. 그럴 때마다 단원들은 박수를 치며 베토벤에게 뜨거운 환호를 보냈다.

궁정 악단에서는 오페라가 자주 연주되었다. 그 덕분에 베토벤은 오페라의 세계에 대해 많이 알게 되었다. 오페라 작곡가와 오페라의 종류도 알게 되었다. 궁정에 초대되는 오페라 가수 중에는 독일 가수보다 이탈리아 가수가 더 평판이 좋다는 것도 알았다.

부활절을 앞둔 어느 날, 헬러라는 가수가 궁정 악단에서 독창을 하기 위해 왔다. 베토벤은 자기의 순서를 초조하게 기다리는 헬러를 보았다.

베토벤은 파이프 오르간 앞에 앉는 순간, 멋진 생각이 하나 떠올랐다. 그리고는 헬러에게 제안했다.

"헬러 씨, 제가 당신이 노래 부를 때 음정을 잊어버리게 만들어 드릴까요?"

"베토벤 씨, 그런 말로 나를 비웃게 할 모양인데, 어림없는 소리 하지 마세요. 그렇지만 할 수만 있다면 한번 해 보시든지."

드디어 이탈리아 독창 가수는 있는 힘을 다하여 노래를 부르기 시작했다. 헬러는 자신의 가슴 속 깊은 곳에까지 감춰져 있는 감정을 다하여 '엘레지(애가, 슬픔의 노래)'를 부르기 시작했다.

그 때 베토벤은 눈앞에 보이는 악보의 간단한 반주곡을 바탕으로 즉흥 반주를 넣기 시작했다. 헬러는 베토벤의 반주에 조금씩 흔들리기 시작했다. 나중에는 자신의 음을 완전히 잊어버려 어찌할 줄을 모르고 있었다. 사람들이 재미있다는 듯이 쑥덕거리기 시작했다. 하지만 베토벤은 이미 새로운 곡 연주에 빠져 있었다.

헬러가 화를 내며 소리쳤지만, 음악가들과 관객들은 베토벤을 칭찬했다.

"헬러가 외나무다리를 건너듯 흔들리며 엘레지를 부르고 있을 때, 젊은 베토벤은 훌륭한 심포니(교향곡, 관악기와 현악기를 위해 만들어진 소나타 형식의 규모가 큰 연주곡) 하나를 작곡해 놓았다."

이것은 말 그대로 베토벤의 재능을 유감 없이 발휘했을 뿐 아니라, 음악가들도 그런 베토벤의 재능을 제대로 파악하고 있었음을 증명하는 일화이다. 이처럼 베토벤은 항상 새로운 것을 창조하기를 좋아했다. 주어진 대로 하는 것이 아니라 즉흥적으로 생각나는 것을

연주하기도 했다.

그뿐만이 아니었다. 훗날, 위대한 음악가로 자리매김한 뒤에도 베토벤은 독창적인 즉흥 연주로 사람들을 놀라게 했다. 일단 흥이 나면 간단한 멜로디로부터 놀랄 만한 변주곡(어떤 주제를 바탕으로 리듬이나 화음을 다양하게 바꾸는 연주 방식)으로 펼쳐 나가는 것이다. 그럴 때마다 사람들은 짐작할 수 없는 베토벤의 연주에 흥미를 느끼고 놀라기도 했다.

베토벤은 피아니스트로 이름을 날렸다. 사람들은 그의 연주를 듣고는 한결같이 이렇게 말했다.

"루트비히의 연주는 참으로 멋지고 세련되었어. 저렇게 빨리 정확하게 연주할 수 있는 사람이 또 있을까? 게다가 아무리 어려운 부분이라도 쉽게 넘어간단 말이야."

겔리네크라는 사람이 어느 저녁 집회에서 베토벤과 연주 대결을 벌이기로 되어 있었다. 겔리네크는 베토벤에 대해서 전혀 아는 것이 없었다.

겔리네크는 사람들에게 큰소리쳤다.

"내가 젊은 연주가의 코를 납작하게 해 주지."

하지만 연주 대결이 끝난 뒤, 결과를 묻는 사람에게 겔리네크는 다 기어들어가는 목소리로 이렇게 말했다.

"아아! 어젯밤 일을 나는 두고두고 잊지 못할 걸세! 그 젊은이는 바로 악마였네! 여태까지 나는 그런 연주를 들어 본 적이 없다네. 그는 내가 그에게 준 주제를 가지고 즉흥 연주(변주곡)를 했지. 모차르트만이 그렇게 할 수 있을 걸세. 그 다음 루트비히는 자신이 지은 곡을 연주했네. 그건 아주 놀랄 정도로 숭고하고 웅장한 것이었어. 그는 온갖 어려운 부분과 까다로운 효과를 피아노로 표현했네. 그런데 그건 피아노 연주에서 우리가 생각할 수 있는 선을 넘어서는 것이었어."

사람들은 베토벤의 뛰어난 실력에 대해 말이 많았다. 그러나 베토벤은 사람들의 평가에 대해 별로 귀를 기울이지 않았다. 자신의 음악 세계를 만들어 가는 데에만 온 힘을 쏟을 뿐이었다. 베토벤은 누구에게도, 그리고 어디에도 얽매이지 않은 자유로운 사람이기 때문이었다.

음악 가정 교사가 된 루이, 처음으로 특별한 감정을 느끼다

어느 날, 베토벤은 라인 강가를 따라 걷고 있었다. 그 때 누군가 베토벤의 어깨를 치는 사람이 있었다.

"어이, 베토벤! 무얼 그리 골똘히 생각하는 거야? 또 새로운 악상이라도 떠올리고 있는 건가?"

베겔러였다.

베겔러는 베토벤보다 나이가 많았고 의과 대학을 다니는 대학생이었다.

"내가 자네에게 사람을 소개시켜 주고 싶은데, 어떤가?"

"어떤 사람인데?"

"아마 자네도 알 걸세. 폰 브로이닝 가의 딸들이 음악을 배우고 싶어하네. 난 자네가 그 여자들의 음악 공부를 맡아 가르쳐 주었으면 하는데, 자네 생각은 어떤가?"

베겔러는 베토벤에게 음악 가정 교사 일을 제안하는 것이었다. 베

토벤으로서는 전혀 생각지도 않았던 일이지만, 그 제안을 흔쾌히 수락했다.
"좋지."
베토벤은 베겔러를 따라 브로이닝 가로 갔다. 브로이닝 부인은 남편을 잃고 네 자녀와 함께 살고 있었다. 처음 여자들만 사는 집에 발을 들여 놓은 베토벤은 왠지 그 집이 마음에 들었다. 뭔지 모르게 집도 사람들도 편안하고 포근한 느낌을 주는 것이었다.
그래서일까? 베토벤은 브로이닝 집안과 평생을 같이하는 사이가 되었다. 특히 브로이닝 부인은 맛있는 음식을 만들어 베토벤과 자신의 아이들이 함께 먹게 했다. 또한, 베토벤이 처음 대하는 음식을 앞에 두고 쩔쩔매고 있으면 친절하게 먹는 법을 가르쳐 주기도 했다. 브로이닝 부인은 베토벤에게는 두 번째 어머니나 마찬가지였다.
베토벤은 막내 로르헨과 엘레노레를 가르쳤다. 특히, 엘레노레에게는 온 정성을 다해 음악을 가르쳤다. 엘레노레는 베토벤에게 시를 이해할 수 있게 가르쳐 주었다. 두 사람은 어린 시절 좋은 추억을 가진 친구였다.
베토벤은 엘레노레에게 특별한 감정을 느꼈다. 베토벤으로서는 처음 느끼는 설레는 감정이었다. 그러나 베토벤은 자신의 감정을 애써 드러내지 않았다. 엘레노레는 이미 자신의 친구인 베겔러와 특별한 사이였던 것이다. 엘레노레는 베토벤의 친구이자 의사인 베겔러와 결혼했다.
하지만 이런 일로 해서 엘레노레와 베토벤, 베겔러의 사이가 나빠지거나 하지는 않았다. 베토벤은 그들에게 평생 동안 의지하였고,

베겔러 부부도 베토벤을 누구보다도 아끼고 염려해 주었다.

베겔러는 베토벤과 평생 동안 평화로운 우정을 나눈 친구였다. 베토벤이 나이 서른이 되어 귀가 들리지 않아 고민할 때에도 베토벤은 맨 먼저 베겔러를 떠올렸다.

그뿐만이 아니었다. 베토벤은 베겔러의 아들 모리츠를 아주 좋아해서 자신의 '바지 단추' 혹은 자신의 '요정'이라고 불렀다. 또한 모리츠는 베토벤이 죽음을 앞두었을 때, 벌레들 때문에 잠을 못 이루는 것을 보고 살균제로 벌레들을 쫓으면서 죽을 때까지 그의 곁을 지켰다.

분석해서 보기 베토벤의 꼬마 친구 모리츠의 실제 일기 (약간 각색)

베토벤과 브로이닝 집안의 인연

  1825년 8월, 나는 아버지와 산책을 하고 있었다. 저 쪽에서 오고 있던 한 사람이 가까이 오자, 아버지는 반갑게 인사를 나누었다. 그의 키는 중간 정도였고, 당당한 모습이었다. 그의 걸음걸이나 움직임은 아주 생기 있고 힘이 넘쳤다. 그의 옷차림은 우아하다기보다 오히려 평범한 도시인의 옷 같았다. 그러나 그에게선 모든 것을 뛰어넘을 것 같은 커다란 힘이 느껴졌다.

  아버지는 베토벤을 만나 이야기하는 것이 좋은지 큰 소리로 즐겁게 얘기했다.

  나는 아버지에게 베토벤을 만나고 싶다고 말하곤 했다. 나의 소원은 이루어져 아버지의 젊은 시절 친구였던 베토벤을 만나러 갈 수 있었다.

  그런데 베토벤의 조카 카를은 큰아버지인 베토벤이 거리에서 다른 사람에게 바보같이 보이는 게 싫다고 한다. 큰아버지와 산책하는 것이 창피하다고까지 말한다. 베토벤은 조카의 그런 모습을 볼 때마다 매우 슬퍼하는 것 같았다. 나 같으면 베토벤 아저씨같이 훌륭한 사람과 함께 다니는 것만으로도 무척 행복해할 텐데.

  아무래도 카를은 버릇이 없거나 뭘 잘 모르는 아이인가 보다.

모차르트를 만나다

　　네페 선생님은 베토벤의 음악 공부와 그의 장래를 위해 온 정성을 기울였다.

　　베토벤도 그런 선생님을 진심으로 좋아하고 따랐다. 그러나 네페 선생님은 무엇보다도 베토벤에게 예술로서의 음악을 이해하게 해 주었다.

　　즉, 베토벤은 네페 선생님을 통해서 역사에 길이 남을 위대한 예술가의 길로 들어서게 된 것이다.

　　"루이, 넌 내가 만난 사람 가운데 가장 뛰어난 음악가가 될 재능을 갖추고 있어. 이제부터는 더 넓은 곳으로 가서 음악을 배우도록 하렴. 내가 너에게 가르쳐 줄 건 이제 없는 것 같구나. 오스트리아의 빈으로 가서 하이든이나 모차르트한테 음악을 더 배우도록 하렴."

　　네페 선생님의 말을 들은 베토벤은 가슴이 부풀어오르고, 머리가 아득해졌다. 그리고 자신의 미래는 온통 희망으로 가득 차 있는 것만 같았다.

그러나 네페 선생님과 헤어지고 나자, 또 다시 베토벤에게는 힘겨운 현실이 얼굴을 내밀었다. 지금 자신의 처지를 생각해 보자 앞길이 더욱 막막해 보였다. 빈도 하이든과 모차르트도 베토벤에게는 너무 멀리 있는 것들일 뿐이었다. 그래도 갈 수만 있다면 가고 싶었다.

그럴수록 어린 동생들과 어머니, 아버지의 얼굴과 어려운 생활이 머릿속으로 파고들었다. 도무지 헤어날 길이 없어 보이는 가난, 병약한 어머니, 철부지 동생들, 무엇보다도 가정을 돌보지 않고 날마다 술로 세월을 보내는 아버지는 베토벤에게 크나큰 부담일 수밖에 없었다.

게다가 베토벤은 한 집안의 맏이가 아닌가? 아무래도 빈으로의 음악 유학을 포기해야 할 것만 같았다.

그런 맏아들의 고민을 어머니는 조심스레 지켜 보고 있었다. 시아버지의 예언대로 아들에게서는 이미 위대한 음악가의 기질이 보였다.

그렇지만 자식이 가고 싶은 길에 도움은 주지 못할 망정 부모가 오히려 장애가 되고 있지 않은가.

어머니는 베토벤을 그냥 저렇게 내버려 둘 수는 없다는 생각이 들었다.

'내 아들을 이대로 버려 둘 수 없어. 무슨 수를 써서라도 빈으로 보내야겠어.'

어머니는 베토벤을 불러 다정하게 말을 건넸다.

"루이야, 이제부터 집 걱정은 하지 말아라. 네가 음악 공부를 할 수 있는 빈으로 지금 곧 떠나거라. 진작에 빈으로 가서 훌륭한 선생님 밑에서 공부를 했어야 하는 건데……."

그렇지만 베토벤은 어머니의 말이 쉽게 와 닿지 않았다.

"제가 가면 집은 어떻게 해요?"

"루이, 여기 걱정은 말고 부디 훌륭한 음악가가 될 생각만 하렴. 그러면 엄마는 너무너무 행복할 거야. 넌 꼭 훌륭한 음악가가 될 거야."

베토벤은 사랑이 가득 담긴 얼굴로 자신에게 믿음을 심어 주고 있는 어머니를 실망시키고 싶지 않았다. 베토벤은 어머니에게 굳게 다짐했다.

"어머니, 고마워요. 어머니 말씀대로 전 꼭 훌륭한 음악가가 될 거예요. 열심히 공부할게요."

마침내 베토벤은 가족과 헤어져 빈으로 떠났다. 어머니와 아버지, 동생들이 걱정되기는 했지만, 그래도 더 넓은 세계로 나간다는 벅찬 마음을 억누를 길이 없었다.

마차를 타고 며칠 동안 달려서야 빈에 도착했다. 빈은 듣던 대로 깨끗하고 아름다운 도시였다. 베토벤은 먼저 하숙집부터 구해 대충 짐을 풀고 잠을 청했다.

'내일이면 드디어 모차르트 선생님을 만날 수 있겠지. 사람들이 나한테 제2의 모차르트가 될 거라고 했는데, 어서 빨리 그를 만나 내 음악 실력을 보여 주고 싶어.'

그 날 밤, 베토벤은 기대에 부풀어 잠을 이룰 수가 없었다. 생각이 꼬리에 꼬리를 물고 이어졌다. 그러는 가운데 날이 밝기 시작하고 있었다. 베토벤은 거의 뜬눈으로 꼬박 밤을 지샌 셈이었다. 베토벤은 일찌감치 집을 나섰다. 그리고는 곧장 모차르트를 찾아갔다.

그 때 모차르트는 서른한 살이었다. 모차르트는 베토벤을 처음 보고는 촌스럽고 지저분해 보인다고 생각했다. 모차르트는 대수롭지 않다는 듯이 말을 꺼냈다.

"음악을 배우러 왔다고? 음, 그럼 피아노 연습곡부터 먼저 들어 볼까?"

그 말을 들은 베토벤은 왠지 기분이 상했다. 음악의 도시 빈까지 음악 공부를 하러 왔다는 것은 어느 정도 기본은 갖추고 왔다는 뜻이기도 했다. 더구나 베토벤 자신이 제2의 모차르트라는 찬사를 듣지 않았던가. 베토벤은 두 눈을 반짝이며 모차르트에게 말했다.

"선생님, 주제가 될 멜로디를 정해 주십시오."

베토벤의 당돌한 주문에 모차르트는 적잖이 놀라는 눈치였다.

'즉흥곡을 치겠다고? 보기와는 좀 다른데.'

모차르트는 주제곡을 하나 주었다. 모차르트가 주제로 쓸 멜로디를 던지자 베토벤은 거침없이 피아노를 치기 시작했다. 처음에는 별로 관심을 보이지 않던 모차르트의 얼굴빛이 달라지기 시작했다. 베토벤은 피아노 연주에 완전히 빠져들고 있었다. 그럴수록 모차르트는 온몸에 전율을 느꼈다. 저절로 감탄이 튀어나왔다. 그리고 어느 순간 베토벤의 연주가 끝나자 모차르트는 자신도 모르게 크게 박수를 쳤다.

"훌륭해! 정말 대단한 솜씨야. 좋아! 내일부터 당장 우리 집으로 오게. 내가 자네에게 음악을 가르쳐 주지. 자네는 정말 나한테 음악을 배울 만해."

그러더니 모차르트는 옆방으로 가서 큰 소리로 말했다.

 "여보게들! 자, 여기 베토벤 군을 소개하겠네. 잘 봐 두라고. 앞으로 세계를 깜짝 놀라게 할 음악가가 될 테니."
 모차르트는 워낙 유명한 음악가라 늘 바빴다. 그래서 베토벤은 음악을 배우러 가서 몇 시간씩 기다린 적도 많았다. 그렇지만 기다리는 동안에도 베토벤은 지루한 줄 몰랐다. 오히려 모차르트 같은 훌륭한 음악가에게서 음악을 배울 수 있다는 것에 감사할 뿐이었다. 모차르트 또한 베토벤을 정성껏 지도해 주었다.

불쌍한 어머니

그렇게 모차르트 밑에서 음악을 공부하던 해 7월 어느 날이었다. 베토벤은 음악 공부를 마치고 모차르트의 집을 나와 자신이 머물고 있는 하숙집으로 돌아오고 있었다. 하숙집으로 돌아오는 동안, 베토벤은 벅차 오르는 가슴을 억누를 길이 없었다. 자신이 작곡하기 시작한 피아노, 바이올린, 첼로를 위한 3중주곡을 모차르트가 칭찬해 주었기 때문이었다.

베토벤은 집 안에 들어선 뒤에도 여전히 흥분된 기분으로 들떠 있었다.

그런데 들떠 있는 베토벤의 눈에 책상 위에 있는 편지 한 통이 들어왔다.

어머니가 위독하니 곧 돌아오거라. 꾸물거리지 말고.

불행한 아버지로부터

편지를 든 베토벤의 손은 떨리고 눈물이 왈칵 쏟아졌다.

'이럴수가, 내가 성공하려면 아직 시간이 더 필요한데. 아! 불쌍한 어머니! 내가 훌륭한 음악가가 되길 그렇게도 간절히 바라시더니…….'

어머니는 베토벤이 힘들 때마다 따뜻한 웃음으로 위로해 주고는 했었다.

베토벤은 곧 짐을 챙겨 집으로 향했다.

'어머니, 돌아가시면 안 돼요. 사랑하는 어머니, 어머니가 돌아가시면 저는 누굴 믿고 살라고요. 어머니는 나의 가장 소중한 친구예요.'

베토벤은 집으로 가는 동안 내내 중얼거리며 눈물을 흘렸다.

베토벤이 집에 도착했을 때 어머니는 자리에 누운 채 심하게 기침을 하고 있었다. 어머니는 베토벤이 왔다는 소리를 듣고 힘없이 눈을 떴다. 베토벤은 쓰러지듯이 다가가 어머니의 손을 잡았다. 어머니는 그런 아들을 보고 웃으려고 애썼지만, 힘에 겨워 보였다. 겨우 웃는 시늉만 할 뿐이었다.

"사랑하는 내 아들 루이야! 이 엄마 때문에 네가 돌아와야 했구나……. 지금 모, 모차르트 선생님 밑에서 공부를 하고 있다지? 고, 공부하기도 바쁠 텐데……쿨럭쿨럭, 나 때문에……미……안……하……구나."

베토벤은 가슴이 미어지는 것 같았다. 자신이 집을 떠나 있는 동안, 그렇잖아도 병약한 어머니의 마음 고생이 매우 심했던 것 같았다. 베토벤은 울먹이면서 말했다.

"어머니, 기운을 내세요. 어머니는 늘 제 곁에 계셔야 해요. 그래서 제가 훌륭한 음악가가 되는 걸 보셔야 해요."

그러나 어머니의 병세는 이미 가망이 없는 상태였다. 어머니는 마지막 힘을 내어 베토벤에게 당부했다.

"루이, 꼭 훌륭한 음, 음악가가……되어야……해. 하, 할아버지 말씀처럼……난 네, 네가 꼭 그렇게 되리라고 믿는다!"

어머니는 베토벤이 돌아온 지 얼마 지나지 않아 세상을 떠났다.

베토벤은 이제 이 세상에서는 어머니라는 정다운 이름을 부를 수가 없게 되었다.
"어머니!" 하고 부르면 언제나 따뜻한 웃음으로 베토벤의 이야기에 귀를 기울이던 어머니는 이제 이 세상에 없는 것이다.
베토벤은 언젠가 어머니가 혼자말처럼 중얼거리던 말이 생각났다.

'도대체 왜 내가 결혼을 했는지 모르겠어. 즐거움은 처음 잠깐뿐이고, 슬픔은 끊이지 않고 계속 이어지는데…….'

베토벤의 어머니는 평생 자신의 감정을 겉으로 드러내는 법이 없었다. 그저 참고 견딜 뿐이었다. 베토벤은 그래서 더 슬펐다. 한 가정조차 굳건히 지키지 못하고 나약한 자신만을 한탄하면서 세월을 보내는 아버지와 사느라 얼마나 마음 고생이 컸을까.

그러나 베토벤은 어머니의 죽음을 마냥 슬퍼할 수만은 없는 처지였다. 어머니가 맡았던 몫을 대신 떠맡아야 했기 때문이었다. 베토벤은 아버지가 일하는 곳에 청원서를 냈다.

궁정 악단의 단장님께

요한 판 베토벤이 받는 연금을 제가 받을 수 있게 해 주십시오. 저희 아버지는 술을 너무 많이 드시는 까닭에 돈을 관리할 능력이 없어 보입니다. 그 돈을 저희 집안의 장남인 제가 받아 집안 살림을 하는 데 쓸 수 있게 해 주십시오. 제 밑으로 동생 둘이 있어서 저희에겐 그 돈이 꼭 필요합니다.

요한 판 베토벤의 아들, 루트비히 판 베토벤 올림

베토벤은 이렇게 청원서까지 내야 하는 자신과 집안 형편이 부끄러워 마음이 무거워졌다. 다행히 베토벤의 청원서가 받아들여져서 아버지의 연금은 베토벤에게 지불되었다.

베토벤은 이제 겨우 열일곱 살이었다. 열일곱 살 어린 나이에 소년 가장이 된 베토벤은 두 동생과 아버지를 부양해야 했다. 어머니를 잃은 슬픔과 외로움, 도무지 벗어날 방법이 보이지 않는 가난이

베토벤의 어깨를 짓눌렀다. 그러나 베토벤은 자신이 해야 할 일만은 포기할 수 없었다. 베토벤에게는 음악에 대한 열정이 있었다. 슬픔과 외로움, 가난함 속에서도 작곡도 열심히 하고 피아노 연주도 열심히 했다.

베토벤은 브로이닝 집안 사람들과 계속 만났다. 어머니가 세상을 떠난 뒤에 브로이닝 부인은 베토벤의 슬픈 마음을 더욱 따뜻하게 감싸 주었다.

베토벤은 브로이닝 부인의 소개로 발트슈타인 백작을 만나게 되었다. 발트슈타인 백작은 그 지방 성주의 친구인데 그도 역시 음악가여서 베토벤에게 도움을 주었다.

성주는 궁중의 음악가들이 모여서 연주회를 여는 것을 자랑으로 여겼다. 베토벤은 이들과 어울려 가끔씩 배를 타고 여행을 하면서 연주를 할 때도 있었다. 이런 연주 여행을 할 때는 베토벤도 명랑해져서 열심히 웃고 떠들어 댔다. 그렇지만 연주를 하거나 작곡을 하는 순간만큼은 오직 그 일에만 몰두했다.

1789년 프랑스에서 혁명이 일어났다. 그리고 프랑스 혁명은 프랑스뿐만 아니라 전 유럽에 걸쳐서 엄청난 영향을 끼쳤다.

프랑스 민중들은 폭력으로 자신들을 다스리던 절대 왕정에 저항하여 일제히 궐기하였다. 그리고 1789년 7월 14일, 마침내 절대 왕정의 상징이자 자신들을 가두고 온갖 폭력을 일삼던 '바스티유 감옥'으로 쳐들어가 감옥을 빼앗고 갇혀 있던 사람들을 모두 풀어 주었다. 혁명은 절대적인 힘을 휘두르던 왕의 권력을 빼앗고, 민중들의 힘으로 새 나라를 만들어 갈 수 있는 기틀을 마련해 주었다. 8월 26일, 새로 만들어진 프랑스의 국민 의회는 〈인간의 권리와 시민의 권리에 대한 선언〉을 선포했다.

특히 그 선언문의 제1조는 사람들의 생각을 바꾸기에 충분했다. '인간은 날 때부터 자유롭고 평등한 권리를 가지고 태어났다.' 예전에는 감히 상상조차 할 수 없는 인간에 대한 가치와 권리를 드높이는 말이었다. 사람들은 그 이전까지만 해도 자신들을 다스리는 왕이 모든 권한을 갖고 있는 것으로 생각했다. 태어나는 것도 죽는 것도 모두 왕의 명령 없이는 함부로 할 수 없는 것으로 여겼던 것이다.

프랑스 혁명은 베토벤을 들뜨게 만들었다. 베토벤은 민중이 스스로의 힘으로 나라를 다스리고, 자신들의 삶을 책임지게 한다는 프랑스 혁명의 가르침에 열광했다. 드디어 새로운 세상이 열리는 것이라는 생각도 들었다.

베토벤은 본 대학에서 이름난 사상가나 혁명가들의 강의를 들으면서, 프랑스 혁명 사상에 사로잡히게 되었다. 베토벤은 사상가가 지은 시집을 즐겨 읽고 혁명을 일으킨 프랑스 사람들과도 사귀었다. 그럴수록 베토벤의 가슴 속에는 모든 사람이 평등하게 사는 세상에 대한 동경이 더 깊이 자리잡게 되었다.

프랑스 혁명의 열기는 계속되었다. 프랑스는 1792년 9월 21일, 공화국임을 세계에 알리고, 다음 해 1월, 루이 16세를 처형하였다.

분석해서 보기

프랑스 혁명과 계속된 전쟁이 베토벤과 음악계에 미친 영향

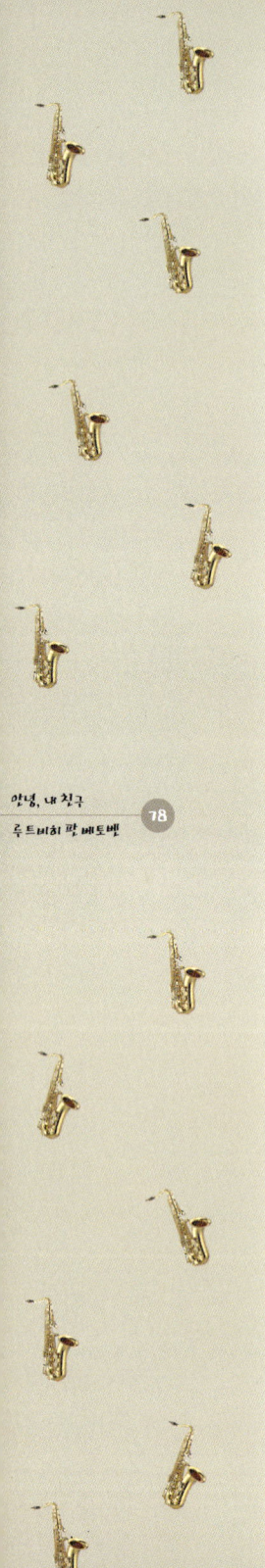

　1789년 프랑스에서는 혁명이 일어났다. 절대 권력을 무너뜨리고, 인간의 권리와 평등을 강조한 이 혁명은 베토벤에게 많은 영향을 주었다. 한평생 음악가의 길을 걷는 동안, 프랑스 혁명의 이상을 가슴 속에 간직하고 있었던 것이다. 베토벤이 빈에서 활발하게 음악 활동을 하는 동안, 혁명이 성공적으로 진행 중인 프랑스에서 나폴레옹이라는 인물이 나타났다. 나폴레옹은 20대부터 전쟁을 이끌기 시작하며, '내 사전에 불가능은 없다'는 신념을 가지고 온 유럽을 전쟁으로 몰아넣었다. 나폴레옹이 앞장선 전쟁은 모두 나폴레옹 군대의 승리로 끝났다. 그의 앞에는 정말 불가능이란 없는 것처럼 보였다.

　전쟁은 20년 동안이나 계속되었다. 이 때문에 유럽 사람들은 전쟁의 두려움으로 떨며 어려운 생활을 하며 살아야 했다. 그뿐만 아니라, 그 때까지 유럽을 지배하고 있던 귀족들은 나폴레옹 군대와 맞서 싸우느라고 재산을 모두 써 버려 가난해졌다.

　마침내 1792년, 베토벤의 고향인 본도 치열한 전투에 휘말려, 결국 1794년에 프랑스군에게 점령당하고 만다. 그 결과, 베토벤의 할아버지와 아버지가 일했던 악단이 문을 닫아야 했다. 베토벤을 적극적으로 후원해 주었던 발트슈타인 백작도 빈으로 도망쳤다. 발트슈타인 백작은 자신의 가문이 무너져 가는 가운데 세상을 떠났다.

　빈에서도 귀족들의 궁정 악단이 사라지기 시작했다. 아주 적은 수의 귀족들만이 네다섯 명의 음악가로 이루어진 작은 악단을 가지고 있을 뿐이었다.

귀족의 후원을 받아 활동하던 음악가들이 음악 교사가 되거나 지방 관청의 관료가 되기도 했다. 어떤 사람들은 아예 직업을 바꾸기까지 했다.

  이러한 변화는 음악이나 문화 활동의 주체가 귀족들이 아니라 시민으로 바뀌는 계기가 되었다. 악보를 인쇄하고 음악에 관련된 일을 하는 출판업자들이 생겨났고, 공개 연주회를 열려는 사람들도 생겼다. 비록 전속 오케스트라는 아니지만, 연주회를 위한 오케스트라도 짜여졌다. 또한 젊은 음악도들을 훈련시킬 음악원도 세워졌다.

  이 시대의 음악 교육은 서민층의 음악 교사들이 주로 맡았다. 이들은 주로 작곡가들이었다. 1주일에 한 번씩은 실내악이 연주되는 귀족의 집을 방문하기도 하고 일요일과 축제일에는 교회에서 열리는 음악회에 참석하기도 했다. 이것은 이들이 가르치는 일에만 매달리지 않았음을 보여 준다. 그리고 음악 교육에서는 기악 교육이 가장 중요하다고 생각했다. 1818년에 발행된 〈빈 신문〉에는 다음과 같은 광고가 실려 있다.

피아노, 기타, 바이올린, 그리고 노래를 가르칠 수 있는 음악 교사. 시내에 있는 가정에서 살며 음악을 가르치고, 그 대신 무료로 방을 빌려 쓸 수 있어야 함.

  1819년에 나온 광고도 있다.

포르테 피아노와 바이올린에 상당히 능숙하고, 이 두 악기를 위한 작곡을 하고 있는 청년임. 그 밖에 기타도 가르칠 수 있음. 적절한 보수를 준다면 철저한 교육을 시킬 것임.

이런 광고를 보고 한번 음악을 배워 보고 싶다고 생각하는 사람들도 많았을 것이다. 이러한 음악 교육은 그 수준이 초보 단계를 넘어서 일정한 수준에까지 이르렀다.

정치적 영향으로 생겨난 또 한 가지가 '가정 음악회'였다. 1813년까지 전쟁의 영향으로 규모가 크고 멋진 음악회를 열기가 쉽지 않았기 때문이다. 또한 〈빈 회의〉 이후 사회를 안정시키고 평화 유지와 경제 안정을 위해 경찰은 사람들에게 함부로 외출을 하지 말라고 포고령을 내렸다.

그 바람에 사람들은 밖에 나오는 대신 집에서 음악을 즐길 수 있는 기회를 많이 갖게 되었다. '음악 살롱'이란 이름으로 불려지던 이 음악회는 어느 저택의 큰 방에서 이루어지던 반공개적인 음악회였다. 이 음악회의 청중은 주로 주최자들의 가족이나 친척들이었다. 집에서 열리는 음악회라 하더라도 서로 순서를 정해서 음악회를 열었다. 사람들은 언제 어느 집에서 음악회가 열리는 지 잘 알게 되었다.

이 연주회는 일 년 내내 하는 것이 아니라 주로 겨울을 낀 반 년 동안 열렸다. 여름을 사이에 둔 반 년 동안은 사람들이 피서를 가고 여행을 하기도 해서 한 자리에 모이기가 어려웠기 때문이다. 가정 음악회에서는 피아노 음악, 실내악과 가곡뿐만 아니라 협주곡과 교향곡까지도 연주되었다고 한다.

음악 살롱이 어떤 식으로 이루어졌는지는 전해 오는 자료가 없어서 자세히 알 길은 없다. 다만 우리는 몇 가지 사실을 통해 당시의 빈 사람들이 얼마나 음악을 사랑했는지 짐작해 볼 수 있을 뿐이다.

음악의 도시 빈에 나타난 천재

하이든을 만나다

1792년 7월 어느 날, 궁정 음악가 한 사람이 베토벤에게 반가운 소식을 전해 주었다.

"이번 금요일에 하이든 선생이 오신다는군. 런던에 갔다 오는 길에 이 곳 본에 들르신다는 거야. 우리가 그의 미사곡을 연주하고 나면 우리와 함께 식사를 한다는 걸세."

베토벤은 그 말을 듣고 퍼뜩 떠오르는 생각이 있었다. 왠지 좋은 기회가 될지도 모른다는 생각이 들었다.

'잘 됐다. 지난번에 작곡해 두었던 칸타타를 보여 드려야지.'

연주를 끝내고 식사를 하는 동안, 베토벤은 조심스럽게 하이든에게 다가갔다. 그리고는 자신을 소개했다.

"저, 하이든 선생님, 처음 뵙겠습니다. 저는 루트비히 판 베토벤이라고 합니다. 선생님께 보여 드리고 싶은 것이 있어서……."

식사 중이던 하이든은 뜬금없이 자기 앞에 작품을 내밀고 조심스

럽게 인사하는 베토벤을 올려다보았다. 하이든은 이미 베토벤이 모차르트를 만나 큰 칭찬을 들었다는 사실을 알고 있었다.

"오, 그래! 자네가 바로 그 루트비히 판 베토벤이란 말이지? 몇 년 전 빈에 와서 모차르트한테 직접 음악을 배운 적이 있다는……. 그래 그래, 아무튼 이렇게 만나게 되어 반갑네."

그리고는 베토벤이 조심스럽게 내밀고 있는 칸타타 작품을 받아 들었다. 하이든은 베토벤이 준 칸타타를 꼼꼼히 살펴보고 나서는 말했다.

"음, 듣던 대로 훌륭하군. 훌륭해! 좋아, 자네 모차르트를 거쳤으니 이번엔 내 가르침을 한번 받아 보지 않겠나?"

베토벤은 너무도 뜻밖의 칭찬을 받고는 몸둘 바를 몰랐다. 어디 그뿐인가? 하이든이 직접 자신을 가르치고 싶다는 것이다. 그러나 베토벤은 지금 당장 움직일 수 있는 몸이 아니었다.

"선생님, 고맙습니다. 꼭 선생님의 가르침을 받고 싶습니다. 그렇지만 지금은 하고 있는 일이 있어서 좀 어려울 것 같습니다."

"그런가? 그럼 빈에 올 일이 있으면 언제든지 나한테로 오게. 자네 같은 사람을 가르칠 수 있다는 것만으로도 큰 기쁨일세. 자넨 틀림없이 훌륭한 음악가가 될 거야."

하이든은 정말 대단히 기뻐하고 있었다. 모처럼 사람다운 사람을 만났다는 표정이었다. 베토벤은 방망이질치는 가슴을 억누르며 꾸벅 인사를 했다.

"선생님, 고맙습니다!"

그로부터 며칠 뒤, 발트슈타인 백작이 베토벤을 불렀다.

"베토벤 군, 빈에 가서 하이든 선생에게 음악을 배우도록 하게. 지난번에 하이든 선생도 자네를 가르치고 싶다고 하지 않았나? 하루라도 빨리 가서 배우도록 하게."

그렇지만 베토벤은 자신에게 주어진 현실 때문에 쉽게 결단을 내리지 못했다.

"제가 떠나면 당장 아버지와 동생들은 어떻게 살라고요. 저 하나 잘 되자고 식구들을 버릴 수야 없지 않습니까?"

그러자 백작은 혀를 차며 답답한 듯이 말했다.

"사람도 참! 자네가 떠난다고 자네 부친과 동생들이 굶어 죽기야 하겠는가? 그건 여기 남아 있는 우리가 알아서 할 테니까, 자넨 하이든 선생을 만나 부지런히 음악 공부나 하도록 하게."

베토벤은 결국 발트슈타인 백작과 브로이닝 부인의 도움으로 그 해 11월에 빈으로 떠났다. 떠나기 전, 발트슈타인 백작은 베토벤의 〈우정 서명록〉에 인사말을 써 주었다.

친애하는 베토벤 군!

드디어 큰 뜻을 이루기 위해 빈으로 떠나가는군. 모차르트의 수호신(모차르트의 스승. 베토벤이 첫번째로 빈에 갔다가 고향으로 와 있던 중에 모차르트는 서른다섯이라는 짧은 나이에 세상을 떠나고 말았다.)은 제자의 죽음을 슬퍼하며 울고 있다네. 그 수호신이 지칠 줄 모르는 하이든에게로 갔지만, 그 곳에 머물러 있지만은 않을 걸세. 그 수호신이 바라는 것은 그를 통해 다른 제자와 결합하는 것이지. 부지런히 공부하여 하이든의 손에서 모차르트의 정신을 이어받기를 빌면서.

자네의 진실한 친구 발트슈타인

빈에 둥지를 틀다

　빈으로 가는 도중에 베토벤은 라인 강을 다시 한 번 뒤돌아보았다. 강물은 여전히 조용히 흐르고 있었다. 언제나 말없이 자신의 모든 것을 받아 주던 강. 이제 떠나면 언제 돌아올지 모르는, 피와 살을 주고 잔뼈를 굵게 한 고향, 라인 강. 그 강은 할아버지의 노랫소리를 간직하고 있었다. 라인 강엔 어머니의 따뜻한 웃음도 깃들여 있지 않은가.
　아! 라인 강! 내 꼭 다시 돌아와 네 품에 안겨 눈물 흘릴 것이니…….
　빈은 처음에 왔을 때와 별로 달라진 것이 없었다.
　그러나 베토벤은 처음 왔을 때와는 달리 안정감도 있고 앞날에 대한 기대도 가졌다.
　한 가지 아쉬운 점이 있다면, 베토벤에게 따뜻하게 대해 주었던 모차르트가 이제는 없다는 것이었다. 모차르트는 베토벤이 이 곳에 오기 전 아주 외롭게 죽었다. 죽은 뒤에도 변변한 묏자리 하나 없었던 모차르트……. 베토벤은 누구보다도 마음이 아팠다. 베토벤이 찾아가면 바쁜 중에도 쾌활하게 웃으며 반겨 주던 모차르트의 웃음소리가 아직도 귓가에 쟁쟁한 것만 같았다.

베토벤은 하이든을 찾아갔다.

"어서 오게. 드디어 젊은 음악가가 빈에 왔군. 이 곳은 음악을 사랑하는 귀족들이 많아서 자네가 열심히 음악 활동만 한다면 귀족들도 좋아할 걸세. 이 곳은 귀족들의 후원금도 많아서 생활하는 데도 별 어려움이 없을 거야."

베토벤은 열심히 배웠다. 그렇지만 하이든에게서는 만족할 수가 없었다. 생각했던 것보다 하이든은 가르쳐 주는 게 별로 없었다. 하이든은 베토벤의 작품에 그다지 주의를 기울이지 않았으며 비평을 하는 일도 드물었다. 하이든은 그저 지켜 보기만 할 뿐이었다.

베토벤은 못마땅했다. 하이든은 베토벤에게 관대하게 대했지만, 베토벤은 "나는 그에게서 아무것도 배우지 못했다."고 말했을 정도였다.

빈에 온 지 한 달이 지났다. 본에서 연락이 왔다. 아버지가 숨을 거뒀다는 소식이었다.

베토벤은 마음이 아팠다. 아버지의 일생도 누구 못지않게 불행했는데, 결국 이렇게 끝나는 것인가. 아버지는 본에서 알아 주는 미남이었다. 할아버지와 관계가 좋지 않게 되면서 인정을 받지 못하고 불쌍하게 평생을 지내야 했다. 그래도 어쩌다 돈을 벌어 오는 날, 아버지는 기분 좋게 어머니에게 돈을 내밀며 즐거워하기도 했었다. 그러나 이제 그 모든 일들이 지나간 날들의 아픈 추억으로 남았을 뿐이었다.

베토벤은 빈에서 리히노프스키 공작을 만났다. 리히노프스키 공작은 기꺼이 베토벤의 후원자가 되어 주었다. 베토벤이 음악 활동을 하는 데 어려움을 겪지 않고 넉넉하게 살 수 있도록 지원을 아끼지 않았다.

하이든이 영국으로 연주 여행을 떠난 뒤에 베토벤은 살리에리와 알브레히츠베르거에게서 음악을 배웠다. 알브레히츠베르거에게서는 대위법과 주법의 가르침을 받고, 살리에리에게서는 성악 작곡법을 배웠다. 이 두 스승들 가운데 살리에리는 모차르트와 끝없이 맞섰던 유명한 음악가였다.

사실 베토벤은 하이든에게서 음악을 배울 때, 셴크라는 음악가에게서 하이든 몰래 대위법을 배운 적이 있었다. 셴크는 베토벤에게 대위법을 가르칠 때의 일을 이렇게 말했다.

"나는 베토벤이 대위법의 예비 법칙에 익숙해 있지 않다는 것을 확신했다. 그래서 나는 요제프 푹스의 잘 알려진 교과서인 〈파르나수스에로의 한 걸음〉을 그에게 주었다. 그 때, 베토벤을 가르치던 하이든은 거대한 대작의 작곡에 온 힘을 쏟고 있었다. 그래서 그는 음악의 기본 원리 같은 문제에 정성을 쏟을 수가 없었다. 나는 그것을 빌미로 열정에 가득 찬 베토벤이라는 학생의 적극적인 협조자가 되길 바랐다. 그러나 가르침을 시작하기 전에 나는 베토벤에게 우리의 일을 비밀로 해야 한다고 이야기했다."

베토벤은 선생님들에게 열심히 배웠지만, 가르침에 그대로 따르지는 않았다. 베토벤은 하이든에게서도 그랬듯이 언제나 선생님들의 가르침을 뛰어넘었다. 그것은 베토벤이 늘 새로운 것을 찾고자 하는 도전 정신으로 가득 찬 사람이었기 때문이었다.

선생님들이 가르쳐 주는 규칙들은 이미 고전 음악의 본고장인 이탈리아에서도 한물 간 것들이었다. 베토벤은 자신의 작품에 그런 규칙들을 쓴다는 것을 받아들일 수가 없었다. 선생님들은 자신들의 가르침을 그대로 따르지 않는 베토벤을 좋아하지 않았다. 버릇도 없고 규칙을 따르지 않는다고 걱정을 하기도 했다.

스물다섯 살이 된 1795년 3월 30일, 베토벤은 오스트리아의 황제와 식구들을 위해 만들어진 황실 극장인 부르크 극장에서 공연을 가졌다. 그 극장은 연주 실력을 인정받은 사람만 공연할 수 있는 곳이었다.

리히노프스키 공작은 베토벤이 연주할 수 있도록 많은 도움을 주었다.

젊은 음악가의 연주회가 열린다는 소문이 빈에 자자하게 퍼지고, 연주회 날 극장은 사람들로 꽉 차 있었다. 베토벤은 떨리는 가슴을 진정시키려고 자기 앞에 앉아 있는 사람들을 한 번 둘러보고 피아노 앞에 가서 앉았다.

베토벤은 피아노 협주곡 2번 작품 19번을 연주했다. 베토벤의 손을 통해 나

오는 멜로디는 사람들의 마음을 물결치듯 흔들리게 했다.

"정말 훌륭하군!"

"또다른 천재가 나타난 거야!"

황제와 그의 가족들, 관객들이 모두 자리에서 일어나 끊임없이 박수를 치고 있었다. 연주회는 말 그대로 대성공을 거둔 것이었다.

연주회가 대성공을 거둔 뒤, 베토벤은 이제 누가 뭐라고 해도 한 사람의 음악가로 인정받는 몸이 되었다.

그리고 이듬해, 베토벤은 리히노프스키 공작과 함께 연주 여행을 떠났다. 2월에서 7월까지 여섯 달 동안 프라하, 드레스덴, 라이프치히, 베를린을 돌아다니며 새로운 천재의 등장을 알리는 연주회를 열었다. 이제 베토벤의 이름은 유

럽 전체에 알려지게 되었다. 그러는 동안 베토벤에게는 또 다른 걱정거리가 생겼다. 프랑스와 오스트리아가 전쟁을 하는 바람에 본이 불안해지자 성주가 그 지방을 떠나면서 재산도 모두 가져가 버린 것이었다. 동생들은 성주에게 돈을 받아 생활하고 있었는데, 앞으로의 생활이 걱정이었다. 이런 사정을 들은 리히노프스키 공작이 베토벤을 찾아와 말했다.

"동생들을 빈으로 함께 데려와 살도록 해요. 내가 도와 주겠소."

베토벤은 두 동생들을 빈으로 데려왔다. 베토벤은 동생들에게 좋은 형이 되려고 노력했다. 첫째 동생인 카를과는 잘 지냈다. 그러나 둘째 동생 요한은 베토벤을 별로 좋아하지 않았다.

분석해서 보기
베토벤이 본 음악의 도시 빈의 풍경

빈에 대한 나의 인상기 (1790년대 빈의 모습)

　빈에 도착했을 때 나는 이제 새롭게 시작될 내 삶을 생각해 보았다. 빈은 내가 음악 활동을 하는 데 많은 도움을 줄 것 같았다. 빈의 귀족들은 저마다 악단들을 가지고 있었다. 그리고 그들은 마치 경쟁이라도 하듯이 자기의 성악대, 실내악단, 작은 가극단이나 무용단을 만들어 훌륭하게 꾸리려고 노력했다. 또 귀족 신분이면서도 유명한 연주가로 활동하는 사람들도 꽤 많은 것으로 봐서 빈에서 사는 사람들이 얼마나 음악을 좋아하는지 알 수 있었다. 그뿐만 아니라, 귀족들은 30명으로 된 관현악단을 거느리고 있기도 했다. 귀족의 저택에는 아담한 극장이나 무도실이 있어서 3중주곡이나 4중주곡 등 적은 인원이 연주할 만한 곡을 작곡가들에게 부탁하기도 했다. 빈에서는 공개적인 연주회보다는 화려한 오페라가 한창이었다. 나는 빈 사람들이 음악을 좋아한다는 사실이 무엇보다도 기뻤다. 재미있는 것은 뛰어난 연주가가 되지 못하는 귀족들은 교양이 없는 사람으로 간주된다는 사실이었다.

　나는 이 곳에서 새로운 귀족 한 사람을 알게 되었다. 그는 음악을 아주 좋아하여 자기의 저택에 나를 초대하여 함께 연주하거나 내게 연주를 부탁하곤 했다. 그는 리히노프스키 공작이었는데 그의 저택에 있는 음악실은 비단 휘장이 쳐져 있고 화려한 샹들리에로 장식되어 있었다. 사방 벽에는 위대한 화가들이 그린 찬란한 색채의 유화들이 황금의 틀에 끼여 있어 그가 얼마나 예술을 사랑하는지 알 수 있었다.

 시간 속으로의 인터뷰 여행
하이든 선생님을 만나다

하이든

 하이든 선생님, 베토벤은 어떤 제자였나요?

 음악성이 뛰어나고 음악을 사랑하는 제자였지.

 그런데 베토벤은 선생님께서 아무것도 가르쳐 주신 게 없다고 했어요. 그 점에 대해선 어떻게 생각하세요?

 베토벤은 내가 자기 작품에 평가를 내리거나 고쳐 주지 않은 것을 가지고 그랬던 모양이야. 하지만 다른 분야도 그렇지만 특히 음악은 자신이 어디가 잘못되었는지 듣고 고칠 수 있어야 하는 거야. 나는 베토벤이 그렇게 하기를 바랐던 거지.

 베토벤은 또한 선생님의 그늘에 있는 것을 싫어했다고 하는데, 왜 그랬다고 생각하세요?

 내가 보기엔 베토벤이 누구에게도 구속받기를 싫어하는 성격을 가졌기 때문인 것 같아. 그는 자신의 자유 의지로 스승들뿐만 아니라 우리가 사는 이 시대까지도 뛰어넘을 수 있는 사람이지.

뛰어난 연주자 베토벤

베토벤은 작곡뿐만 아니라 연주자로서도 뛰어난 재능을 가지고 있었다. 특히 피아노에 대해서는 유독 깊은 관심을 보였다.

1796년에 베토벤은 피아노포르테를 보내 준 슈트라이허에게 편지를 보냈다.

어제 당신이 보내 주신 피아노포르테를 받았습니다. 정말 뛰어난 악기예요. 다른 사람이라면 혼자 차지하려고 할는지도 모르겠습니다. 그러나—여기서 웃으시겠지만—이 악기는 내가 나의 소리를 만들어 낼 수 있는 자유를 빼앗아 갈 만큼 좋은 것이지요. 이 말은 누가 쳐도 좋은 소리를

베토벤이 쓰던 피아노

내는 악기라는 말입니다. 그렇다고 당신이 똑같은 방법으로 피아노포르테를 만들지 못하도록 막을 생각은 전혀 없습니다. 이 악기의 우수성이 이 나라에서만이 아니라 다른 나라에서도 인정을 받게 되기를 마음 속으로 빌고 있음을 믿어 주시기 바랍니다.

그로부터 약 6년 뒤에 베토벤은 피아노포르테에 대해서 니콜라우스 츠메슈칼에게 이렇게 편지를 보냈다.

피아노포르테를 만드는 사람들이 나에게 무언가 도움을 주고 싶어서 안달들을 하고 있지만 아무 소용이 없었지요. 또한 피아노를 만드는 사람들은 모두 내가 좋아하는 피아노를 만들려고 애쓰기도 하지요. 예를 들어 슈트라이허는 어떤 사람에게 피아노포르테를 만들어 준 일이 있는데, 그 사람이 슈트라이허를 계속 졸랐다고 해요. 자기도 베토벤에게 피아노포르테를 만들어 주게 해 달라고 말이죠.

그 뒤, 베토벤은 발터가 동의한다면 츠메슈칼을 통해 피아노포르테 한 대를 만들어 달라고 부탁했다. 그는 각 음에 붙어 있는 세 가닥의 현(줄) 가운데 한 가닥만을 해머가 치는 '약음 페달(우나 코르다)'을 특별히 주문했다.

1818년, 베토벤은 런던에서 피아노 한 대를 선물로 보낸 브로드우드에게 감사의 편지를 보냈다.

당신이 보내 주기로 한 피아노가 도착하게 된다니 정말 기쁩니다. 나는 가장 아름다운 내 마음 속의 제물을 아폴로 신에게 바칠 때, 그 피아노를 제단으로 생각할 것입니다. 그리고 내가 처음으로 그 피아노를 통해 울려 나오는 아름다운 소리를 당신께 보내 드리지요.

    친애하는 브로드우드 씨, 내가 그렇게 하면 당신이 보내 준 악기의 명성에 어느 정도 보답할 수 있겠지요? 또 당신이 나를 기억할 수 있는 훌륭한 기념품도 될 수 있겠지요?

베토벤은 이렇게 피아노 하나에도 세밀한 감정을 가지고 있었다. 그만큼 베토벤에게서 음악은 중요한 것이었다.

분석해서 보기
피아노의 발전 단계

하프시코드

18세기 합주 음악에서 가장 중요하게 쓰인 악기이다. 피아노는 현을 때려 소리를 내는 반면, 이 악기는 현을 긁어서 소리를 냈다. 낮은 소리를 낼 때 중요하게 쓰였던 현악기다.

클라비코드

현을 긁지 않고 쇳조각으로 두드려 소리를 내는 악기이다. 이런 점에서 하프시코드보다 피아노에 가깝다. 음량은 크지 않지만, 정감 넘치는 소리가 돋보이는 악기였다.

피아노 포르테

음량을 적게도 할 수 있고 크게도 할 수 있는 악기다. 크리스토포리가 1709년에 피렌체에서 만들었다. 현을 긁지 않고 해머로 두드려 소리를 낸다.

귀족들의 후원을 받다

　18세기의 작곡가들은 귀족 후원자들에게 경제적인 도움을 받아 활동했다. 그런 까닭에 작곡가들은 귀족들에게 고용되어 있는 경우가 대부분이었다.

　그렇지만 베토벤은 다른 작곡가들과는 여러 가지 면에서 차이가 있었다. 베토벤은 빈에서 피아니스트로 이름을 날리며 자유롭게 활동했다.

　물론 베토벤도 귀족들의 후원을 받았다. 특히 베토벤은 매우 인기 있는 연주자여서 귀족들은 여러 가지 도움을 아끼지 않았다. 그런 만큼 베토벤은 작곡가로서도 일반 생활인으로서도 넉넉한 생활을 할 수 있었다. 그러나 분명한 것은 베토벤은 자신이 어떤 귀족보다도 훨씬 뛰어난 사람이라고 생각했다는 것이다.

　베토벤은 다른 작곡가들처럼 귀족들의 뜻에 맞추어 작곡을 하거나 연주를 하지 않았다.

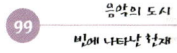

베토벤은 자신의 그런 마음가짐에 대해 다음과 같이 말했다.

"당신은 처음부터 공작으로 태어났지만, 나는 스스로 오늘의 내가 된 것이오. 공작은 지금까지 수천 명이 있었고, 앞으로도 그럴 것이지만 이 세상에 베토벤은 오직 나 하나뿐이오."

서른다섯 살의 작곡가 베토벤이 자신의 후원자였던 리히노프스키 공작에게 쓴 편지의 내용이다. 이것은 용기가 없으면 할 수 없는 말이었다. 자신에 대해 긍지를 가지고 있었던 베토벤은 자기 직업을 그 무엇보다도 고귀하게 여겼던 것이다. 그래서 후원자들에게 잘 보여야 한다는 말을 들을 때마다 몹시 화를 냈다. 베토벤은 귀족들이 대부분 도덕적으로나 지적으로 열등하다고 생각했다.

베토벤은 자신이 원하는 대로 자유롭게 작곡하기를 바랐다. 후원자들이 그들의 즐거운 저녁 시간을 위해서 자신을 부르는 것은 작곡을 방해하는 것이라고 여겼다.

리히노프스키 공작은 그런 베토벤을 누구보다도 잘 이해했고 관대하게 대했다.

1806년 10월 어느 날, 베토벤은 슐레지엔에 있는 리히노프스키 공작의 아름다운 성에 초대를 받아 갔다. 두 사람은 이미 14년 동안이나 가깝게 지낸 사이였다. 그 무렵 프랑스 군대는 아우스터리츠에서 오스트리아 군대와 러시아 군대를 물리치고, 꽤 오랫동안 슐레지엔에서 가까운 지방에 머물고 있었다.

그 때는 이미 전쟁이 끝난 지 1년이 지난 뒤였다. 전쟁이 끝난 것으로 생각한 리히노프스키 공작은 그 무렵 베토벤이 작곡한 작품을 발표할 저녁 음악회에 프랑스군 장교들을 초대했다. 이 말을 들은 베토벤은 자기 작품을 전쟁을 일으켜 사람을 죽인 군인들 앞에서는 발표할 수 없다고 퉁명스럽게 대답했다.

그러나 베토벤을 설득할 수 있다고 생각한 리히노프스키 공작은 자기 계획대로 일을 진행시켰다. 오랫동안 베토벤과 알고 지냈지만, 공작은 베토벤을 제대로 알지 못했던 것이다.

귀족들과 프랑스 군인들이 참석한 만찬은 순조롭게 진행되었다. 그러나 베토벤은 몹시 상기된 얼굴로 아무와도 어울리지 않고 있었다. 식사를 끝낸 사람들이 모두 베토벤의 훌륭한 연주를 기대하며 음악실에 모였다. 그렇지만 베토벤은 아무리 기다려도 나타나지 않았다.

"이게 어떻게 된 일이지? 베토벤, 이 친구 아직도 음식을 먹고 있는 건가?"

초조해진 리히노프스키 공작은 거실로 식당으로 베토벤을 찾아 다녔지만, 아무 데도 보이지 않았다. 그 때, 베토벤은 이미 아무에게도 말하지 않고 자기 짐을 챙겨 들고는 이웃 마을에 사는 친구 집으로 가 버린 뒤였다. 그리고 친구 집에서 밤을 지샌 베토벤은 공작에게 작별 인사도 하지 않고 빈을 향해 걷기 시작했다. 추적추적 내리는 비를 맞으며 걷는 동안, 성에서 작곡한 〈열정 소나타〉의 원고가 안주머니 속에서 젖고 있었다.

베토벤은 집에 돌아와서도 화가 풀리지 않았다. 베토벤은 리히노프스키 공작에게 화풀이삼아 편지를 써 보냈다. 그래도 화가 풀리지 않았다. 베토벤은 이번에는 책장 위에 놓여 있던 공작의 흉상을 마루에 내동댕이쳐 박살을 내 버렸다.

베토벤은 자신의 뜻에 따라 후원자를 선택했다. 말하자면 베토벤은 최초의 자유 계약 작곡자였던 셈이다.

리히노프스키 공작과는 1792년 소년 베토벤이 빈에 처음 왔을 때부터 알고 지낸 사이였다. 그는 베토벤의 성격과 재능을 누구보다도 잘 이해하고 높이 산 사람이었다. 그런 만큼 그는 베토벤의 어떤 행동에 대해서도 매우 관대했다.

또한, 베토벤이 경제적으로 어려움을 겪지 않도록 배려를 아끼지 않았다. 공작은 〈세 개의 피아노 3중주〉의 출판 비용도 자기가 모두 내주었다. 그런 가운데서도 베토벤의 작곡 활동에 방해가 되지 않으려고 몹시 신경을 썼다. 리히노프스키는 베토벤의 작업실을 방문할 때는 언제나 베토벤을 '음악의 신'으로 여기고 경의를 표했다.

> 베토벤이 아무런 방해도 받지 않고 작곡을 할 수 있도록, 리히노프스키와 그의 식구들은 베토벤이라는 존재에 신경을 쓰지 않기로 했다. 날이 밝으면 공작은 베토벤에게 가볍게 아침 인사를 한다. 그리고 원고를 한번 훑어본다. 그리고는 거장이 일하는 모습을 잠깐 바라본다. 짧게 인사를 하고 밖으로 나간다. 베토벤은 그것마저도 귀찮아서 문을 잠그고 작곡을 한다. 그러면 공작은 조용히 노크를 한다. 문이 열리지 않는다. 화도 내지 않고 공작은 기다린다. 문이 열리면 공작은 상냥하게 인사한다.

이 말은 베토벤의 친구가 두 사람의 관계에 대해 말한 것이다. 두 사람의 관계가 어떠했는지 아주 잘 보여 주고 있다.

빈에서 베토벤을 후원하던 사람은 리히노프스키 공작뿐만이 아니었다. 포도 농장을 가지고 있는 헝가리 사람 츠메슈칼은 베토벤이 마음껏 자신의 작품을 연주할 수 있도록 커다란 자신의 저택에서 자주 음악회를 열기도 했다.

러시아의 대사였던 라주모프스키 백작도 베토벤의 대단한 후원자였다. 리히노프스키 일가의 친척이기도 한 라주모프스키 백작은 음악을 좋아했다. 그는 또한 4중주단에서 바이올린을 연주하는 뛰어난 바이올리니스트이기도 했다. 그는 자신이 지원하던 슈판치히 4중주단의 전문 연주자들과 함께 하이든, 모차르트, 베토벤의 음악을 훌륭히 연주하기도 했다. 베토벤은 1805~1806년에 작곡한 3개의 현악 4중주 〈라주모프스키〉를 백작에게 바쳤다. 백작은 약 20년 동안 베토벤과 알고 지내며 베토벤을 찬양했다. 슈판치히 4중주단은 백작의 넓은 방에서 베토벤의 지휘를 받으며 연주했다고 한다.

그 밖에도 잘 사는 많은 사람들이 베토벤을 후원했다. 그들은 자신들에게 천재 작곡가가 인생의 고난을 이겨 내도록 도와 줄 특권이 있다고 믿었다.

베토벤은 그러한 도움에 힘입어 오직 음악에만 관심을 기울였다. 그럴수록 어렵고 복잡한 생활의 문제들 – 머무를 수 있는 집을 찾는 일, 작품을 알릴 연주회를 열고 연주회에서 나오는 수익금을 계산하는 일, 새 작품의 출판과 유복한 학생들을 구하는 일 등 – 이 꼬리를 물고 따라다녔다. 그렇지만 헌신적인 후원자들 덕분에 베토벤은 자신이 뜻한 대로 모든 문제를 풀어 나갈 수 있었다.

그러나 베토벤에게도 늘 행운만 따라다니는 것은 아니었다. 나폴레옹이 일으킨 전쟁은 베토벤의 음악 활동에도 커다란 변화를 불러

오기에 이르렀다.

베토벤은 1809년 새로운 계약을 앞두고 있었다. 베스트팔렌의 왕이자 나폴레옹의 동생인 제롬 보나파르트로부터 궁정 악단의 수석 악장직을 맡아 달라는 제의를 받은 것이다.

베토벤은 이 문제를 가지고 프랑스의 트레몽 남작과 의논했다. 남작은 그 제의를 받아들이지 말라고 충고했고, 베토벤은 계약을 취소하고 말았다.

전쟁은 또한 베토벤의 아낌없는 후원자들인 빈의 귀족들에게도 변화를 요구했다. 빈의 귀족들은 베토벤을 나폴레옹에게 빼앗길지도 모른다는 생각에서 베토벤에게 해마다 4천 플로린을 주기도 했다. 루돌프 대공이 1천 5백 플로린, 로프코비츠 공작이 7백 플로린, 킨스키 공작이 1천 8백 플로린을 베토벤에게 주기로 했다.

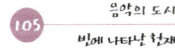

그러나 시간이 흘러 이 계약에 문제가 생기기 시작했다. 1816년 계약자 가운데 두 사람이 죽고 킨스키 공작도 6백 플로린을 깎고 주었다. 라주모프스키 백작은 자신의 성이 모두 타 버려 더 이상 베토벤에게 지원을 할 수 없게 되었다. 본 시절부터 후원자였던 발트슈타인 백작은 엄청난 빚을 지고 죽었다.

탄탄했던 귀족들의 지원이 끊기자 베토벤의 생활은 어려워지기 시작했다.

상황이 이렇게 되자, 베토벤은 가까운 친구에게 다음과 같은 편지를 보냈다.

작품을 팔기 위해 협상하는 일에서 벗어날 수 있으면 좋겠네. 얼마간 생

활비를 줄 만한 사람을 구해 주게. 그러면 자네에게만 내 작품을 발행할 권리를 주겠네.

지금까지 다른 사람의 도움으로 음악 활동을 해 왔던 베토벤이 자신의 활동을 위해 직접 발벗고 나서게 된 것이다.

아무튼 그 뒤로부터 빈의 음악가들은 귀족들의 도움을 받을 수 없게 되고 말았다. 베토벤이 죽을 무렵에는 집 안에 합주단을 두는 귀족은 거의 찾아볼 수조차 없었다. 그리고 음악가들에 대한 후원은 귀족들에서 잘 사는 시민 계급에게로 넘어가고 있었다.

나의 생명, 나의 음악

귀여운 악마 리스트와의 만남

리스트의 스승이었던 체르니는 오래 전부터 베토벤에게 리스트에 대한 이야기를 했다. 그리고는 제발 한 번만이라도 리스트가 연주하는 것을 들어 달라고 사정했다. 그러나 베토벤은 재능이 뛰어난 어린 아이들을 너무 싫어했다. 때문에 베토벤의 대답은 늘 '싫다'였다.

그렇지만 체르니는 끈질기게 베토벤을 설득했다.

"베토벤 선생, 꼭 한 번만 리스트의 연주를 들어 봅시다. 그러면 선생의 생각도 바뀔 거에요."

베토벤은 결국 체르니의 설득에 넘어가고 말았다. 그리고는 더 참지 못하겠다는 듯이 고함을 질렀다.

"그렇다면 하느님의 이름으로 그 개구쟁이를 내게 데려와요!"

마침내 소년 리스트가 체르니를 따라 베토벤을 찾아왔다. 리스트는 베토벤이 살고 있는 슈바르츠파니어 하우스의 작은 방으로 들어갔다. 그 때 베토벤은 창가에 있는 좁고 길다란 책상 앞에서 일에 정신이 팔려 있었다. 베토벤은 우울한 얼굴로 잠시 그들을 보았다. 그리고는 체르니에게 뭐라고 말을 건넸다. 체르니가 리스트를 피아노 앞에 앉힐 동안에도 베토벤은 아무 말이 없었다.

리스트는 먼저 리스의 짧은 소품 한 곡을 쳤다. 베토벤은 연주가 끝나자 리스트에게 물었다.

"지금 이 자리에서 푸가를 다른 키로 바꿔 연주할 수도 있겠지?"

리스트는 베토벤이 시킨 대로 연주를 했다. 그리고는 반짝이는 눈으로 베토벤을 올려다보았다. 베토벤은 뚫어질 듯이 리스트를 내려다보았다. 베토벤의 굳은 얼굴에 부드러운 미소가 번져 나갔다. 베토벤은 리스트에게 아주 가까이 다가갔다. 그리고는 리스트의 눈을 쳐다보더니 그의 머리를 여러 번 쓰다듬었다.

"굉장한 녀석이군. 진짜 개구쟁이야!"

베토벤은 자신이 모차르트나 하이든에게서 들은 칭찬을 리스트에게 그대로 건네 주었다.

"이제 선생님 작품을 한 곡 쳐도 돼요?"

리스트는 처음 만난 위대한 음악가에게 칭찬을 들은 뒤라 대담하게 물었다. 리스트가 처음에 만난 우울한 얼굴의 베토벤은 이제 이 자리에 없었다. 리스트의 연주가 끝났을 때, 베토벤은 두 손으로 리스트를 잡고 이마에 입을 맞추었다. 그리고 매우 다정하게 말했다.

"넌 행운아야! 많은 사람들이 네 음악을 듣고 기뻐하며 한껏 행복에 빠질 테니까."

나의 생명, 나의 음악

　베토벤은 어느 날부터인가 귀에서 나는 웅웅거리는 소리를 들었다. 그 소리는 귓속을 울리며 도무지 그칠 줄을 몰랐다. 베토벤은 손가락으로 연신 귓구멍을 후볐지만 아무 소용이 없었다.
　'이상하디, 왜 그럴까? 귀에 무슨 이상이라도 생겼나?'
　베토벤은 불안하여 앉아 있을 수가 없었다. 더 이상한 것은 방금 전까지만 해도 잘 들리던 소리들이 웬일인지 뚝 그쳐 버린 것이었다. 베토벤은 덜컥 겁이 났다. 정말 아무 소리도 들리지 않았다.
　'사람들에게 귀는 음악의 생명이라고 말해 왔는데……. 내가 만일 듣지 못하게 된다면, 그건 내게 생명이 없다는 것이나 마찬가지 아닌가!'
　베토벤은 괴로웠다. 아무에게도 이 사실을 말할 수가 없었다.
　'사람들이 내 귀가 먹었다는 사실을 알면 뭐라고 할까? 듣지도 못하는 주제에 무슨 음악을 하느냐고 하겠지?'

베토벤은 가장 친한 친구인 베겔러와 아멘다에게도 이 사실을 말할 수가 없었다. 그럴수록 베토벤은 사람들을 만나는 것이 두렵고 싫었다. 밖에도 나가지 않았다. 자신은 지금 무서운 비밀을 가지고 있는 사람이었다. 베토벤을 싫어하는 사람들이 알게 되면, 베토벤은 음악가로서의 생명이 끝장날 수도 있다. 그들은 귀가 들리지 않는 베토벤을 가만두지 않을 것이다.

베토벤은 귀가 이상하다는 사실을 숨기고 몇 년 동안을 혼자 괴로워하며 지냈다. 그렇지만 그렇게 계속 숨기고 살 수는 없는 노릇이었다.

베토벤은 친구인 아멘다에게 편지를 썼다.

내가 사랑하는 나의 정다운 아멘다 – 자네가 내 곁에 있어 주었으면 좋겠다고 수없이 생각했다네. – 자네 친구 베토벤은 지금 몹시 불행하네. 나의 귀중한 부분, 즉 청각이 많이 약해져 있거든. 우리들이 함께 지내던 그 때부터 벌써 나는 귀가 이상하다고 느끼고 있었지만, 나는 그걸 감추고 있었네.

병은 점점 깊어 가고, 나을 수 있는 희망은 찾아볼 수 없게 되었네. 이런 병은 낫기가 어려울 것 같네. 내가 사랑하는 모든 것을 버리고 야속하고 이기적인 사람들 가운데서 살아가야 한단 말인가! 나는 모든 것을 포기해야만 하네. – 나에게는 이것밖에는 다른 피난처가 없다네. 이러한 모든 괴로움을 이겨 보려고 마음먹어 봤지만, 나는 도저히 할 수가 없네.

베겔러에게도 편지를 보냈다.

나는 지금 아주 비참한 생활을 하고 있다네. 거의 2년째 아예 사람을 만나지 않고 있네. '나는 귀머거리요.' 하고 사람들에게 말할 수가 없기 때문일세. 내가 다른 직업을 가졌다면 그나마 어떻게 될 수도 있으련만. 지금 나는 내 일을 할 수 없는 무서운 처지에 빠져 있다네.

나의 적들이 뭐라고 하겠는가! 그것도 적잖은 수의 적들이! — 자네가 이해할 수 있게 이야기하자면, 극장에서 배우의 말을 알아들으려

면 나는 오케스트라의 바로 뒷자리에 앉아야만 하네. 조금만 멀리 떨어져 있어도 악기나 목소리의 높은 음이 들리지 않네. — 그러니 고함을 지르는 소리에는 몸서리가 쳐지네. — 정말 내 자신이 싫어지기도 했다네. — 플루타르크가 나를 체념으로 인도해 주었다네. 될 수만 있다면 나는 운명과 싸워 보고 싶네. 그러나 나는 신이 창조한 가장 비참한 인간이라고 느껴질 때가 한두 번이 아니었네. — 여태까지 내가 해 온 것을 버려야만 한단 말인가! 얼마나 슬픈 피난처인가! 그러나 이것만이 내게 남은 유일한 안식이라네.

베토벤은 그런 가운데에도 작곡 활동을 계속했다. 자신의 슬픔을 음악으로 나타내기도 했다. 〈비창 소나타〉, 〈피아노를 위한 소나타의 라르고〉 중에 그의 슬픈 감정이 잘 나타나 있다.

그렇지만 이 때 베토벤은 슬픔만을 노래하고 있지는 않았다. 낭랑한 웃음소리가 피어오르는 〈7중주곡〉과 〈제1교향곡〉에는 담담한 마음을 담고 있다. 절망적인 상황에서도 베토벤이 그런 곡들을 지을 수 있었던 것은 고향을 생각했기 때문이었다. 옛날에 아름다웠던 추억들을 떠올리고 거기서 베토벤은 힘을 얻었던 것이다.

〈7중주곡〉 중의 '변조하는 안단테'의 주제는 라인 지방의 민요이다. 〈제2교향곡〉도 라인이 낳은 작품으로 자기의 꿈을 향해 웃고 있는 젊은이의 시다. 이 교향곡은 즐겁다. 거기에는 사람들을 기쁘게 하려는 욕망과 희망이 들어 있다. 이 교향곡의 2악장 끝에서 꾀꼬리며 뻐꾸기며 메추라기의 노래가 나온다. 청각 기능이 마비되어 버린 상태에서 베토벤은 어떻게 자연의 소리를 교향곡 속에 집어 넣을 수가 있었을까?

베토벤은 그에게 사라져 버린 하나의 세계를 그의 정신 속에서 재창조하였던 것이다. 새들의 노랫소리를 나타내는 표현은 참으로 아름답고 감동적이기까지 하다. 그것은 바로 베토벤이 자신만의 세계에서 다시 만들어 낸 새의 소리이기 때문이다. 새들의 노랫소리를 듣기 위해 베토벤이 할 수 있던 오직 하나의 방법은 자기 자신 안에 살아 있는 새들을 노래시키는 것이었다.

베토벤을 치료하던 슈미트 박사가 베토벤에게 말했다.

"어디 조용한 시골에 가서 좀 쉬고 오시지요. 그렇게 하면 병이 나아질 수도 있습니다. 모든 걸 다 잊고 쉬었다 오세요."
"네, 그렇지 않아도 저도 좀 쉬어야겠다고 생각했습니다. 아, 그런데 제 병이 정말 나을 수 있을까요?"
"희망을 잃지 마세요. 분명히 좋아질 겁니다."
베토벤은 빈을 떠나 근처에 있는 하일리겐슈타트로 갔다.

유서를 쓰다

하일리겐슈타트로 왔지만, 베토벤에겐 더 이상 미래가 보이지 않았다. 앞날은 온통 캄캄한 어둠뿐이었다. 베토벤은 절망에 차서 소리쳤다.

"귀머거리 음악가가 무얼 할 수 있단 말인가?"

베토벤은 죽어 버려야겠다고 마음먹었다. 그리고는 무서울 정도로 조용한 자신의 방으로 들어갔다. 베토벤은 의자에 앉아 흰 종이를 책상 위에 펼쳐 놓았다. 펜을 집어 들어 잉크병 속에 깊숙이 담갔다가는 꺼냈다. 펜촉이 까만 잉크에 촉촉이 젖어 있었다. 흰 종이 위에 펜촉이 가느다랗게 찢어지는 소리를 내며, 천천히 까만 글씨를 그려 가기 시작했다. 마침내 그 유명한 〈하일리겐슈타트 유서〉가 만들어지는 순간이었다.

〈하일리겐슈타트 유서〉는 두 동생들에게 보낸 편지 형식의 글이었다. 유서에는 '내가 죽은 뒤에 읽고, 꼭 내가 시킨 대로 할 것'이라는 내용도 적혀 있었다. 말 그대로 운명과 싸우는 한 인간의 슬픈 부르짖음이 유서 속에 새겨진 것이었다.

나의 동생들에게

오오, 너희들 – 나를 원망하는 사람, 내가 사람을 싫어한다고 생각하는 사람, 또한 남에게 자신이 생각하는 베토벤에 대해 이러쿵저러쿵 말하기를 좋아하는 사람들아.

당신들은 당신들의 말과 행동이 얼마나 당치도 않은 것인지 알고 있는가! 당신들은 내가 그렇게 보이는 숨은 이유를 정말 모른다. 내 마음과 정신은 어렸을 때부터 착한 것을 좋아하는 부드러운 감정 속에서 여물어 갔다. 그리고 나는 한평생 동안 무언가 위대한 것을 이루어 보겠다는 마음을 가지고 지금까지 살아 왔다.

그러니 한 번만 생각해 보라. 지난 여섯 해 동안 내 처지가 얼마나 비참했을까를! 주책없는 의사들 때문에 내 병은 더욱 나빠졌고, 그래도 혹시 병이 낫지는 않을까 하는 희망이 얼마나 부질없는 것인지를 이젠 인정하지 않을 수 없게 되었다.

나를 무너뜨리고 있는 이 귓병이 나을 수 있다는 기대는 별로 하고 있지 않다. 그렇지만 이 병이 혹시 낫는다고 하더라도 참으로 여러 해가 걸릴 것이다. 나는 나의 성격이 다 좋다고는 생각하지 않지만, 그렇다고 그렇게 속좁은 사람이라고도 생각하지 않는다. 나는 열렬하고 쾌활한 성격에 사람들과 어울려 있는 것을 좋아하는 성격이기도 하다.

그렇지만 일찍부터 나는 사람들을 멀리 떠나 고독한 생활을 하지 않으면 안 되었다. 어쩌다가 그러한 고난을 박차 버릴라치면, 오오, 얼마나 무참하게 내가 불구자라는 것을 새삼스럽게 깨달아야 하는 슬픔에 부닥쳤던가! 어떻게 사람들에게 "좀더 큰 소리로 말해 주시오. 고함을 질러 주시오!" 하고 말할 수 있단 말인가! 아아, 다른 사람들보다도 내게는 더 완벽해야 할 그 감각, 예전에는 내가 완전무결하게 가지고 있었던 그 감각, 확실히 예전에는 나와 같은 직업에 종사하는 사람들이라 해도 그렇게 완벽하기는 드물었을 만큼 온전하게 내가 가지고 있었던 그 감각의 결함을 어떻게 사람들에게 드러낼 수가 있겠는가? 오오, 그것은 나로서는 못할 일이다! 그러므로 너희들과 함께 있고 싶으면서도 외따로 떨어져 살고 있는 나를 용서해 다오. 나는 고독하다. 참으로 고독하다. 부득이한 경우라야만 나는 세상 사람들 사이로 나간다. 마치 쫓겨난 사람처럼 살아갈 수밖에 없는 것이다.

사람들이 모인 자리에 가까이 가면, 내 병세를 사람들이 알아차리게 되지나 않을까 하는 무서운 불안에 사로잡혀 버린다.

지난 여섯 달 동안을 내가 시골에서 보낸 것도 그 때문이었다. 될 수 있는 대로 청각을 정양하라는 의사의 권고를 받아들인 것인데, 그것은 내 스스로 원하던 바이기도 했다. 그러나 사람들과 사귀기를 좋아하는 내 성미에 못 이겨, 사람들의 모임에 발을 들여 놓은 일이 몇 번인가 있었다. 하지만 내 옆의 사람은 멀리서 들려 오는 피리 소리를 듣고 있는데 나는 아무것도 들을 수 없다든가, 또 그 사람은 양치는 목자의 노랫소리를 듣고 있는데 내게는 여전히 아무것도 들리지 않을 적에, 그 굴욕감은 어떠했을까! 그러한 경험들 때문에 나는 거의 절망하기에 이르렀다. 하마터면 나는 스스로 내 목숨을 끊어 버릴 뻔하였다. 그것을 막아 준 것은 오직 예술뿐이었다.

나에게 걸머지어졌다고 느끼는 이 사명을 완수하기 전에는 이 세상을 버리지 못할 것이라고 생각했다. 그리하여 나는 이 비참한 생명이나마 살아야겠다고 생각했다. 사람들은 이렇게 말한다. 이제 내가 길잡이로 택하여야 할 것은 바로 참고 견디는 것이라고. 나는 그렇게 하였다. 바라건대 참고 견디고자 하는 나의 결심이 변하지 않기를 바란다. 준엄한 운명의 여신들이 나의 목숨을 가져가기를 원할 때까지. 스물여덟 살에 벌써 도통

베토벤이 유서를 썼던 하일리겐슈타트의 집

한 사람의 행세를 해야 한다는 것은 쉬운 일이 아니다. 다른 누구보다도 예술가에게 있어서는 더욱 힘든 일이다.

신이여, 당신은 높은 곳에서 나의 마음 속을 들여다보실 것이니 아실 것입니다. 사람들을 사랑하고 선을 행하고자 하는 마음이 나의 가슴 속에 뿌리박혀 있음을 당신은 아실 것입니다.

오오, 너희들이 장차 이 글을 읽게 되거든 생각해 보라. 너희들이 내게 얼마나 옳지 못했던가를. 그리고 불행한 사람들은 자기와 같은 한낱 불행한 사람이 자연의 갖은 장애에도 불구하고 우수한 사람들과 예술가의 대열에 참여할 수 있고자 전력을 다하였다는 것을 알고 위로를 받으라.

너희들, 나의 동생 카를과 요한아, 내가 죽은 뒤 아직도 슈미트 박사가 살아 계시거든, 즉시로 내 병의 기록을 작성하도록 나의 이름으로 박사에게 청원하라. 그리하여 그 병의 기록서에 이 편지를 첨부하라. 그러면 그가 죽은 다음에 세상 사람들과 나 사이에는 적어도 가능한 한도의 화해가 이루어질 수 있을 것이다.

얼마 안 되는 재산이지만 너희들에게 물려주겠다. 둘이서 사이좋게 나누

어 갖도록 해라. 서로 돕고 살거라. 내게 행한 너희들의 나쁜 소행은 이미 오래 전에 용서했다. 잘들 있거라, 서로 사랑하여라!

　나의 죽음이 늦게 와 주었으면 좋겠다. 죽음이 일찍 찾아온다고 해도 나는 만족하리라. 죽음은 나를 끝없는 고뇌로부터 해방시켜 줄 테니까. 오고 싶을 때 언제든지 오라. 나는 너를 용감히 맞으리라. 그러면 잘들 있거라. 내가 죽은 뒤에도 나를 잊지 말아다오. 살아 있는 동안에 나는 너희들을 항상 생각하고, 어떻게 해서든지 너희들을 행복하게 해 주고자 노력했으니. 부디 행복하기를 바란다.

하일리겐슈타트, 1802년 10월 6일
루트비히 판 베토벤

동생들에게 보내는 유서 말고도 또 하나를 남겼다.

　하일리겐슈타트에서 1802년 10월 10일. 친애하는 희망이여, 그러면 나는 너와 작별하련다. 참으로 슬픈 마음으로……. 그렇다. 내가 이 곳까지 끌고 왔던 희망, 조금이라도 낫겠지 하던 희망, 이제 그것을 이만 저버리지 않을 수 없게 되었다. 가을의 나뭇잎들이 떨어져 시들어 버리듯이 나에게는 희망도 말라 버리고 말았다. 이 곳에 왔을 때와 별 다를 것 없이 나는 다시 이 곳을 떠난다. 아름다운 여름철에는 흔히 나를 받들어 주던 고매한 용기조차 사라지고 말았구나. 오, 하늘이여, 기쁨으로 가득찬 하루를 단 한 번만이라도 나에게 주소서! 진정한 기쁨의 깊은 소리를 들어 본 지 이미 오랩니다. 오오, 언제. 오오, 언제. 오! 신이여! 나는 자연과 인간의 성전 속에서 기쁨을 다시 느껴 볼 수 있을까요? 영 없을까요? 아닙니다! 오오, 그것

은 너무나 참혹합니다.

그러나 유서까지 써 둔 베토벤은 조금씩 생각을 바꾸기 시작했다. 베토벤은 항상 자신을 매우 도덕적이라고 여기고 있었기 때문이었다. 그런 자신이 어떻게 스스로 목숨을 끊을 수 있다는 말인가?

베토벤은 훗날 자신의 경험을 두고 이렇게 말했다.

"아이들에게 도덕을 권하라. 도덕만이 사람을 행복하게 할 수 있는 것이다. 돈이 아니다. 나는 내 경험을 통해서 이렇게 말한다. 내가 비참한 지경에 빠져 있었을 때, 나를 지켜 준 것은 도덕이었다. 내가 스스로 죽음을 선택하지 않을 수 있었던 것은 내 예술의 힘이 크지만, 또한 도덕의 덕택이기도 하다."

예술에 대한 열정은 베토벤에게 절망감을 안겨 주기도 했지만 또한 그것으로 인하여 삶을 다시 시작할 수도 있었다.

분석해서 보기

자살을 시도한 베토벤이 들려 주는 이야기

자살을 시도했던 베토벤을 만나 보았다. 그리고 요즘 학생들의 자살 실태를 설명해 주었다.

요즘 학생들은 자신이 안고 있는 문제를 이겨 내지 못하고 자살을 하는 경우가 있다고 들었다. 학교 성적이 떨어져 선생님께 또는 부모님으로부터 꾸중을 듣고 아파트 옥상에서 뛰어내리거나 약을 먹고 목숨을 끊기도 한다고 들었다.

나는 어느 날부터인가 귀에서 이상한 소리가 나고 귀가 잘 들리지 않는다는 것을 알았다. 그 때부터 나는 사람들도 만나지 않고 나의 문제로 고민하게 되었다.

사람들은 내가 바깥 출입도 잘 하지 않고 어쩌다 사람들을 만나도 괜시리 화를 내는 것을 보고 매우 의아해하고는 했다. 또한 그런 내 모습을 보고 나를 싫어하던 사람들이 이제 베토벤의 시대도 끝났다고 수군거린다는 소문도 들려 왔다. 그럴 때면 정말 견딜 수 없을 만큼 힘들고 괴로웠다.

그렇지만 나는 결코 희망을 버리지 않았다. 몇 년을 혼자 버티다가 친한 친구들에게만 나의 비밀을 편지로 알리고 고통을 나누었다. 때로는 그들에게 조언을 구하기도 했다. 여러 가지 방법으로 치료를 하기도 했다. 하지만 내 귀는 낫지 않았다.

슈미트 박사의 말을 듣고 조용한 시골로 요양하러 떠났다. 그 곳에서도 나의 마음은 편해지지 않았다. 그 곳에서 나는 내가 좋아하는 자연의 소리

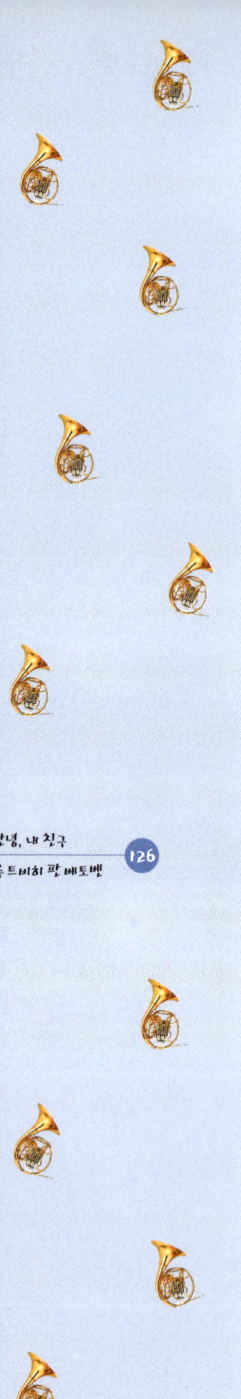

를 들을 수가 없었던 것이다.

　동생들에게 보낼 유서를 썼다. 유서를 쓰고 나서 내 마음은 이 세상 밖이 아닌, 이 세상 안에 더 머물 생각이 들었다. 나는 아직 이 세상에서 할 일이 남아 있었다. 예술과 생명을 바꿀 수는 없다. 그리고 또 한 가지 나의 도덕은 나의 자살을 허락하지 않았다.

　이제 나는 나의 고통스러운 경험을 통해서 자살을 생각하는 어린 학생들에게 한 가지 들려 주고자 한다. 자신의 마음 속에 도덕을 가지라는 것이다. 도덕이란 여러분이 수업 시간에 배우는 것이 전부가 아니다. 자신을 믿고 자신을 사랑하는 힘을 가지는 것이 곧 도덕이다. 또한 자기만의 생각을 가지고 그 생각이 누구 때문에 흔들리고 외부에서 가해지는 힘 ― 부모님이든 선생님이든 ― 때문에 흔들려서는 안 되는 것이다.

　내가 예술의 힘으로 버틸 수 있었던 것처럼 여러분도 스스로를 지켜 낼 여러분의 힘을 가져라. 그것은 다름 아닌 여러분 스스로 자신을 아끼고 사랑하는 마음이다. 그것은 누가 억지로 시킨다고 해서 되는 것도 아니고, 다른 사람이 좋다고 해서 그냥 따라가는 것도 아니다. 오로지 여러분이 좋아하는 것을 여러분 스스로 선택하는 것뿐이다.

　지금 여러분이 사는 세상이 내가 살고 있던 때와는 너무 많이 변했다고도 할 수 있을 것이다. 그러나 내 나이 서른에 절망감과 주위의 따가운 시선을 느껴야 했던 것은 시간의 문제를 떠나 역시 견디기 힘든 것이었다.

　부모님들께도 들려 주고 싶은 것이 있다. 아이들에게 무엇이든 한 가지씩 좋아하는 것을 하게 해 주라는 것이다. 그것을 강제로 하게 하지 말고 아이들이 그것을 찾을 수 있게 도와 주어야 한다. 그것은 아이들이 스스로의 힘으로 이 세상을 버텨 나갈 수 있는 힘이 될 것이다. 그러나 그것은 어디까지나 부모가 먼저 세상일에 흔들리지 않아야 가능하다.

독일의 본에 위치한 베토벤의 생가

괴로움에 대해서 고백해 보기

나는 언제 가장 괴로웠는지 생각해 본 적이 있는가? 집안 문제를 비롯해서 학교 성적, 친구들과의 관계 등, 나는 어떨 때 못 견딜 정도로 괴로웠는가? 나의 이런 괴로움은 유서를 써 둘 정도로 괴로워했던 베토벤의 괴로움과 어떤 차이가 있는 것일까? 나의 괴로움과 베토벤의 괴로움에 대해서 한번 비교해 보자.

내가 만일 베토벤이었다면, 괴로움 때문에 유서를 써 둘 용기가 있었을까? 그런 의미에서 나의 괴로움에 대해 솔직하고 용기 있게 고백해 보자.

괴로움을 고백한다면,
① 나는 무엇 때문에 괴로운가?
② 그 괴로움은 나의 생활에 어떤 영향을 끼치고 있는가?
③ 괴로움에 대해 고백하고 나면, 나의 마음가짐과 사람들에 대한 태도는 어떻게 달라질까?

비교해 보기

가끔씩 텔레비전이나 신문에는 청소년들의 가출이나 자살에 대해 다룬 기사가 실리고는 한다. 집안 문제, 학교(성적, 친구) 문제 등 그 이유도 차츰 다양해지고 있다. 그런데 가만히 생각해 보면, 그런 청소년들과 나의 경우가 크게 다르지 않다는 것을 발견할 때가 있을 것이다.

그런 청소년들이 겪는 괴로움이나 어려움과 내가 겪는 괴로움이나 어려움에는 어떤 비슷함과 다른 점이 있는지 비교해 보자.

혁명과 열정의 시간 속에서

어느 영웅의 추억을 찬양하며

18세기 말, 유럽은 온통 나폴레옹의 혁명 사상이 물결을 이루고 있었다. 베토벤의 가슴도 혁명의 사상으로 불타고 있었다. 베토벤은 나폴레옹이 보통 선거를 실시해서 민중의 힘으로 새로운 프랑스, 새 나라를 만들 수 있게 되기를 간절히 바랐다. 그리고 그것이 성공한다면 모든 인류가 행복해질 수 있는 디딤돌이 될 것이라는 믿음을 가졌다.

아무튼 베토벤은 나폴레옹의 활약상에 흠뻑 사로잡혀 있었다. 베토벤은 틈날 때마다 자신의 그러한 생각을 트레몽 남작에게 말하고는 했다. 트레몽 남작은 군인이었다. 베토벤은 나폴레옹의 출세에 놀라고 있었다. 키도 작고 볼품 없이 생겼을 뿐만 아니라 출신도 보잘것 없는 사람이 그토록 위대한 인물이 되었다는 사실이 기뻤다.

어느 날, 베토벤은 트레몽 남작에게 말했다.

"내가 파리에 간다면, 프랑스 사람들이 나한테 나폴레옹 황제에게 인사하도록 강요하겠지요?"

트레몽 남작이 말했다.

"나폴레옹 황제가 명령하지 않는다면, 그런 일은 없을 겁니다."

"그럼, 당신은 황제가 직접 나한테 명령할 것으로 생각하오?"

"만약에 그가 당신의 위대함을 안다면 틀림없이 그럴 것입니다. 그러나 나폴레옹 황제는 음악에 대해선 잘 모릅니다."

그러나 이 때 이미 베토벤은 나폴레옹 황제에 대한 환상이 무너져 있던 상태였다. 그 이유는 나폴레옹이 민중의 손으로 직접 대표를 뽑는 방식 대신, 혁명으로 무너뜨린 옛날 통치 방식을 그대로 흉내 냈기 때문이었다. 즉, 혁명으로 황제의 자리에서 쫓겨난 루이 16세의 지위를 나폴레옹이 대신하는 꼴이 되어 버린 것이다.

황제가 된 나폴레옹은 막강한 권력을 휘둘렀다. 그 바람에 혁명을 통해서 새로운 세상을 꿈꾸었던 사람들은 나폴레옹에게 배신감을 느끼며 나폴레옹을 반대했다. 베토벤도 그런 사람 가운데 하나였다. 베토벤은 나폴레옹이 황제가 되기도 전에 그를 위해 쓴 헌사를 찢어 버렸다.

"그도 보통 사람에 지나지 않는다는 말인가!"

베토벤은 박식했다. 독신 생활과 귀먹음, 그리고 시골 생활에서 오는 외로움은 그로 하여금 그리스와 라틴 작가들의 작품을 많이 읽게 했다. 베토벤은 특히 셰익스피어에 열광했다. 또, 프랑스 사람인 트레몽 남작에게 무척 호감을 갖고 있었다. 베토벤은 성격이 까다롭고 변덕스러운 면이 있었다. 베토벤은 트레몽 남작이 사사건건 동의하는 것보다 때때로 자신과 반대 의견을 말하는 것을 더 좋아했다.

　베토벤은 트레몽 남작과 만나는 날에도 즉흥 연주를 하고 싶은 마음이 내키면 이내 차분해져서 피아노 앞에 앉았다. 베토벤의 폭풍같은 영감은 늘 멜로디가 넘쳐났다. 하모니는 자연스럽게 이루어졌고 모든 것은 빗나가지 않고 자연스럽게 창조되었다.
　그렇게 트레몽과 어울려 지내던 어느 날, 트레몽 남작이 베토벤에게 물었다.
　"프랑스와 친해지고 싶은 생각은 없습니까?"
　베토벤은 머리를 흔들었다.

"그러고 싶었지요. 그러나 프랑스는 정복자를 섬기고 있어요. 이제는 가고 싶은 마음이 없어졌소."

베토벤은 잠시 생각하고 나서는 말을 이었다.

"파리에서 모차르트의 교향곡들을 듣고 싶소. 그 곳에서 듣는 모차르트 음악은 다른 어느 곳에서 듣는 것보다도 훌륭할 것 같소. 그렇지만 나는 여행을 하기엔 너무 가난하오."

그러자 트레몽은 기다렸다는 듯이 말했다.

"저랑 함께 가시죠. 제가 당신을 모시고 가겠어요."

"무슨 소리요? 나 때문에 당신에게 부담을 끼칠 수는 없소."

"그 점은 염려 마세요. 부담될 것은 전혀 없어요. 역마차 요금은 이미 지불되었는데, 마차엔 저 혼자만 타거든요. 만약에 자그마한 방 하나로 족하다면 숙소도 제공할 수 있답니다. 승낙만 해 주세요. 당신은 돌아올 때 여비만 있으면 됩니다."

베토벤은 쓸쓸하게 웃으며 말했다.

"당신이 내 마음을 흔들어 놓는군. 생각해 보겠소."

그 뒤로도 여러 번 트레몽은 베토벤에게 파리 여행을 권했다. 그럴 때마다 베토벤은 망설였다.

"방문객들이 떼지어 몰려올 테지요."

"그런 일은 없을 겁니다."

"난 초대에 압도당하고 말 거요."

"베토벤 선생은 선생 뜻대로 하면 됩니다."

"프랑스 사람들이 나한테 연주를 강요할 테지. 그것도 내가 작곡한 것을."

그러자 트레몽은 정색을 하며 말했다.

"선생은 시간이 없다고 대답하면 돼요."

"당신네들 파리 사람들은 나를 곰이라 말할 테지."

"그게 무슨 상관입니까? 당신은 확실히 그들을 모르시는군요. 파리는 자유로운 곳입니다. 당신같이 뛰어난 인물이 다른 나라에서 왔다고 하면 약간 괴상하게 보이는 것이 오히려 성공에 도움이 됩니다."

마침내 베토벤은 손을 들고 말았다. 트레몽 남작은 베토벤을 파리로 데려갈 수 있게 되어 기뻤다.

그러나 트레몽 남작이 다른 곳의 행정 장관이 되는 바람에 베토벤의 파리 여행은 이루어지지 못했다. 트레몽은 행정에 대한 보고를 하기 위해 서둘러 파리로 가야 했다. 그래서 그는 빈을 거쳐 갈 수도 없었고, 베토벤을 방문하지도 못했다.

베토벤은 나폴레옹이 유럽 전역에 프랑스 혁명의 사상을 전하고 있는 동안에 교향곡 하나를 완성하고 있었다. 그것은 바로 우리 귀에 익숙한 제3번 〈영웅 교향곡〉이었다.

베토벤은 3번 교향곡을 만들면서 처음에는 〈나폴레옹 보나파르트〉라는 제목을 붙였다. 그리고 다시 제목을 바꾸어 〈어느 영웅의 추억을 찬양하기 위한 영웅적 교향곡〉이라는 제목을 붙였다. 이 제목으로 바뀌게 된 이유는 나폴레옹도 결국 베토벤이 바라는 그런 진정한 영웅이 아니었기 때문이다.

그랬다! 나폴레옹은 베토벤이 바란 진정한 영웅이 아니었다. 3번 교향곡에 나오는 '장송곡'에서는 세계 정복에만 혈안이 되어 있던 정복자의 최후가 비극으로 끝날 것을 암시하기도 했다.

그리고 마침내 나폴레옹은 오스트리아의 수도 빈을 점령하고 도시 전체를 폭파시켰다. 폭파된 성곽 근처에 베토벤의 집이 있었다.

베토벤은 씁쓸했다. 이것이 진정 내가 바란 혁명의 참된 모습이란 말인가? 그렇게 바라던 새로운 세상에 대한 기대는 여지없이 무너졌다. 이제는 황제가 되어 버린 나폴레옹과 프랑스 군대에 대한 분노만이 남았다.

"아, 이 얼마나 씁쓸하고 허무한가! 혁명이 남긴 폐허만이 나를 둘러싸고 있구나!"

베토벤은 프랑스 군인들을 미워했다.

"북 소리, 나팔 소리, 함성 소리, 그 모든 것들이 다 하잘것없는 놀음일 뿐이다!"

그러나 베토벤은 나폴레옹에 대한 한 가지 느낌만은 버리지 못하고 있었다. 그것은 바로 나폴레옹과 그의 군대의 영웅적 투쟁이었다. 베토벤은 그러한 투쟁에 까닭 모를 열정을 느끼고 있었다.

사랑과 우정의 교향곡

베토벤은 하이든에게서 줄리에타라는 여자를 소개받아 피아노를 가르치게 되었다. 줄리에타에게 피아노를 가르치는 일은 즐거웠다. 그러면서 베토벤은 줄리에타를 사랑하게 되었다.

> 나의 생활은 훨씬 평온해졌다. 나는 이제 비로소 사람들과 잘 어울리고 있다. 이 변화는 어느 정다운 소녀가 이루어 준 것이다. 그 소녀는 나를 사랑하고 나도 그 소녀를 사랑하고 있다. 최근 2년여 동안, 나는 처음으로 행복한 순간을 맞고 있다.

베토벤은 베겔러에게 이렇게 편지로 자신의 사랑을 알렸다. 그리고는 줄리에타에게 〈월광곡〉이라는 소나타를 바쳤다. 흔히 〈월광 소나타〉라고 하는 곡이다.

"줄리에타! 당신을 위해 이 곡을 지었소. 한번 들어 보지 않겠소."

피아노 위에서 움직이는 베토벤의 손을 타고 아름다운 멜로디가 흘러 나왔다.

"정말 훌륭해요. 역시 당신은 타고난 음악가예요."

이렇게 기쁜 시간을 보내면서도 베토벤은 마음 한 구석이 비어 있는 것 같았다.

"나는 줄리에타를 분명히 사랑하고 있다. 그런데 우리는 신분이 서로 다르지 않은가? 내가 줄리에타 곁을 떠나야 한다. 하지만 조금만 기다려 보자. 우리의 사랑이 신분의 벽도 넘을 수 있게 될 때까지."

줄리에타는 귀족 출신이었다. 평민 출신인 베토벤과는 신분이 엄연히 달랐다. 베토벤은 그래도 시간을 가지고 기다리기로 했다. 그러나 베토벤의 이 사랑은 오래 가지 못했다. 줄리에타가 갈렌베르크 백작과 결혼해 버린 것이다.

"아! 결국 줄리에타는 내 곁을 떠났구나. 줄리에타가 내 곁을 떠나갔어. 그런데 하필이면 갈렌베르크 같은 바보 녀석에게 갈 건 뭐야. 아 - 아."

하지만 베토벤에게 다시 사랑이 찾아왔다. 줄리에타의 사촌인 테레제였다. 줄리에타와 테레제는 베토벤이 빈에 처음 왔을 때부터 그에게서 피아노 레슨을 받았다. 테레제는 오빠의 친구이기도 한 베토벤을 사랑하였다. 그렇지만 테레제는 성격이 조용하여 자신의 감정을 잘 드러내지 않았다. 속으로만 베토벤을 생각하며, 그의 고귀한 예술혼에 감동을 나타낼 뿐이었다.

그러는 가운데 베토벤은 헝가리의 프란츠 백작 집에 머물게 되었다. 여기서 테레제와 베토벤의 사랑은 무르익기 시작했다. 베토벤은 음악에 쏟았던 열정을 사랑에도 아낌없이 쏟았다.

어느 일요일 저녁 식사를 마친 베토벤은 창 밖으로 달빛이 흐르는 가운데 피아노 앞에 앉았다. 베토벤은 먼저 손가락을 펼쳐 건반 위를 가볍게 스쳤다.

프란츠와 테레제는 곧 베토벤이 피아노를 칠 것이라는 걸 알았다. 베토벤은 피아노를 칠 때면 버릇처럼 늘 그렇게 하는 것이었다. 그리고는 낮은 소리의 화음을 두서너 번 두드렸다. 그런 다음에 천천히 장엄하고도 엄숙하게 제바스티안 바흐의 노래(바흐의 아내 안나 막달레나의 '앨범' 속에 들어 있는 이 명곡에는 〈조반니의 아리아〉가 들어있다.)를 연주하기 시작하였다.

'그대의 마음 나에게 주려거든 먼저 비밀스럽게 하여라. 우리들의 서로 가진 마음 아무도 모르게 하여라.'

테레제의 어머니와 목사는 잠이 들었다. 테레제의 오빠인 프란츠는 묵묵히 앞을 바라보고 있었다.

테레제는 베토벤의 노래와 시선에 가슴이 사무쳐 삶이 충만해지는 걸 느꼈다.

이튿날 둘은 정원에서 만났다.

베토벤이 말했다.

"나는 지금 오페라를 쓰고 있어요. 오페라의 주인공을 맡을 사람의 자태가 내 마음 속에 깃들여 있어서 내가 어디를 가거나 어디에 있거나 눈앞에 보입니다. 지금처럼 내가 높이 솟은 것 같은 기분을 느낀 적은 일찍이 없었습니다. 모든 것이 빛이요, 순결입니다. 여태까지 나는 조약돌만 주우면서 길가에 있는 찬란한 꽃은 보지 못하는, 그 옛 이야기의 어린이와도 같았어요."

프란츠의 동의를 얻어 베토벤과 테레제는 1806년 5월에 약혼을 하였다. 그리고 이 해에 씌어진 4번 교향곡은 베토벤의 생애에서 가장 평온하였던 시절의 작품이다. 마치 향기를 머금은 깨끗한 한 떨기의 꽃이 아닐 수 없다.

베토벤이 〈전원 교향곡〉을 작곡한 집

베토벤은 이 교향곡에서 선인들에게 물려받은 음악 형식 가운데서 가장 널리 알려져 즐겨 쓰이는 것과 자신의 타고난 재능을 될 수 있는 대로 조화시키려고 하였다.

사랑을 주고 사랑을 받고 있는 베토벤의 모습은 예전과는 판이하게 달라져 있었다. 베토벤은 기운이 넘쳐서 늘 명랑한 표정과 몸짓으로 사람들과 어울렸으며, 장난기어린 말투로 사람들을 웃기고는 했다. 그리고 사교계에서도 예절을 갖추기 시작했다. 혹시 귀찮게 구는 사람이 있어도 그저 꾹 참고 지나쳤다. 옷차림도 한결 말쑥해졌다.

사람들은 베토벤이 귀가 먹었다는 것을 알아채지 못했다. 오히려 베토벤이 전보다도 훨씬 건강해졌고, 성격도 밝아졌다고 말할 정도였다. 베토벤은 사람들의 호감을 얻으려고 노력했고, 실제 사람들의 호감을 얻고 있다는 것도 알았다.

베토벤이 사랑을 하는 동안에 그의 천재성은 남김없이 발휘되었다. 그에 힘입어 한 편의 고전 비극이라고 할 만한 〈전원 교향곡〉과 셰익스피어의 〈템페스트〉에서 영감을 얻었고 그 자신이 소나타 중에서 가장 완벽한 것이라고 보았던 〈열정 소나타〉도 이 때 발표되었다. 이 소나타는 테레제의 오빠인 프란츠에게 바쳐졌다.

테레제에게는 꿈결 같고 환상적인 소나타, 작품 제78번을 바쳤다. 〈불멸의 여인〉이라는 제목이 붙여진 것도 이 때 씌어진 것이다.

불멸의 여인

나의 천사, 나의 전부, 나 자신인 그대여……. 그대에게 말하고 싶은 것이 너무나 많아서 나의 가슴은 터질 듯 하오……. 아아, 내가 어디에 있거나 그대는 나의 마음을 떠나지 않소……. 아마도 일요일이 되기까지는 나의 첫 기대를 받아 보지 못하리라는 것을 생각하면 눈물이 납니다……. 그대가 나를 사랑하는 만큼, 아니 그보다 훨씬 더 많이 나는 그대를 그리워하오……. 아아, 그대를 보지 못하는 이런 생활은 쓸쓸하다오. — 이렇게 가까우면서도 이렇게 먼 그대! — 나의 마음은 그대에게로 달린다오. 나의 영원한 사랑이여. 때로는 즐겁게, 때로는 슬프게 운명에게 물으면서, 운명이 우리들의 소원을 들어 주려는가 물으면서 — 나는 그대와 함께 살든지 그렇지 않으면 죽어 버리든지 할 거요……. 그대 아닌 다른 사람이 내 마음을 차지할 수는 없을 거요.

오오, 이렇게 서로 사랑하는데 왜 멀리 떨어져 있어야 한단 말이요! 하긴 나의 인생이란 지금도 그렇지만 슬픔만이 있을 뿐이오. 그대의 사랑은 나를 세상에서 가장 행복한 동시에 불행한 사람으로 만들었소. 안심하시오…….

나를 사랑하여 주시오! - 오늘도 - 어제도 - 얼마나 뜨거운 열망, 얼마나 많은 눈물을 그대에게로, 그대 - 그대 - 그대 - 나의 생명 - 나의 전부인 그대에게로 보냈던가!
　그러면 안녕히! 오오, 끝끝내 나를 사랑해 주시오 -. 그대를 사랑하는 나의 마음을 몰라 주면 안 되오. - 영원한 그대의 사랑 - 영원한 나의 사랑 - 영원한 우리들의 사랑.

　그러나 이 사랑은 오래 계속되지 못했다. 베토벤에게 재산이 없었고 두 사람의 신분이 워낙 달랐기 때문이었을까? 아니면 베토벤이 오랫동안 기다려야 하고 언제까지나 자기의 사랑을 비밀로 해야 한다는 것에 화가 났기 때문일까?
　극성스러운 성격에다가 불구이고 삶을 꺼리던 베토벤이 본래 마음과는 달리 사랑하는 사람의 마음을 상하게 하여 스스로 절망해 버린 것인지도 모른다.
　그들의 약혼은 깨지고 말았다. 그러나 두 사람은 결코 그들의 사랑을 잊지 않았다. 테레제는 죽는 날까지 베토벤을 사랑하였다(테레제는 베토벤이 죽은 뒤, 34년을 더 살았다).
　1816년 어느 날, 베토벤은 테레제에 대해 이렇게 말했다.
　"그 여자를 생각할 때마다 내 가슴은 그 여자를 처음 만났던 그 날처럼 벅차게 뛴다."
　'멀리 있는 애인'에게 바친 그 여섯 편의 가요곡(작품 제98번)은 모두 1816년에 만들어진 것으로 참으로 감동적이고 깊이 있는 노래다. 베토벤은 자신의 수기에서 이렇게 말했다.

"이 아름다운 자연을 볼 때 나의 마음은 부푼다. 그러나 '그 여자'는 나의 곁에 있지 않다!"

테레제는 자기의 초상을 베토벤에게 주었다.

'흔치 않은 천재, 위대한 예술가, 착한 사람에게. T. B.'라고 쓴 글과 함께.

베토벤은 사랑이 떠나간 뒤 깊은 상처를 입었다.

"가엾은 베토벤!"

베토벤은 자신에게 이렇게 말하고는 했다.

"이상의 나라에서나 너는 친구를 얻을 수 있을 것이다."

베토벤이 나이가 들었을 때 친구 하나가 베토벤을 찾아갔다. 베토벤은 아무도 없는 데서 혼자 테레제의 초상에 입을 맞추면서 눈물을 흘리고 있었다. 그리고는 소리 높여 다음과 같이 말했다고 한다.

"그대는 참으로 아름답고 참으로 훌륭하고 천사 같았지!"

친구는 잠깐 물러나왔다가 조금 뒤에 다시 들어갔다. 그 때 베토벤은 피아노 앞에 앉아 있었다.

"오늘따라 자네 얼굴엔 악마의 그림자가 전혀 비치지 않는걸."

베토벤이 울먹이며 대답했다.

"나의 천사가 찾아와 주었거든."

악성 베토벤, 대문호 괴테와 만나다

베토벤은 1809년에 괴테의 비극에 곡을 붙인 〈에그몬트〉를 완성했다.

베토벤은 이 때 괴테를 가장 존경했고 괴테를 만나고 싶어했다.

'괴테는 분명 에그몬트 같은 사람일 거야. 언제 한번 만나고 싶군. 브로이닝 부인도 한번 만나 보라고 했는데.'

괴테도 이미 베토벤을 알고 있었고 만나고 싶어했다.

두 사람은 1812년에 보헤미아의 온천이 있는 마을인 테플리체에서 만났다. 두 사람의 만남은 음악과 문학의 만남이었다고 하는 것이 좋을 것이다. 두 사람은 서로 만나고 싶어했지만 성격이 달라 한 번 만나고는 다시 만나지 않았다. 베토벤은 괴테의 시를 좋아했다. 베토벤은 그의 작품을 읽으면서 괴테를 그의 비극에 나오는 에그몬트처럼 전통을 거부하고 새로운 것을 찾는 사람일 거라고 생각했다. 하지만 베토벤이 만난 괴테는 현실에 순응하면서 자신의 예술을 펼

처 나가는 사람이었다. 베토벤은 그런 괴테를 보고 실망했고, 그를 가리켜 '귀족 사회에 물든 속인'이라고 깎아 내렸다.

괴테는 베토벤의 성격이 너무 자유롭고 과격하여 자신과는 많이 다르다고 생각했다.

처음 만난 두 사람이 산책을 하던 중, 베토벤이 괴테의 행동을 보고 한 마디 한 것이 괴테의 기분을 상하게 했다. 다음은 베토벤이 편지로 남긴 괴테와의 일화이다.

왕이나 제후들이 칭호와 훈장을 수북이 줄 수는 있지만, 위대한 사람을 – 티끌 같은 인간들 가운데서 뛰어난 정신을 – 만들어 낼 수는 없는 것이다. 그리고 괴테와 나 같은 두 사람이 함께 있을 때는 이 신사 여러분들도 우리의 위대함을 저절로 느낄 것임에 틀림없다. – 어제 우리 두 사람은 집으로 돌아오던 중에 대공의 가족들과 마주쳤다. 우리는 그들을 멀리서 보았다. 괴테는 곧 잡고 있던 내 팔을 살짝 놓더니 길 옆으로 비켜 섰다. 내가 아무리 여러 말을 해 보아도 괴테는 꼼짝도 하지 않고 고개를 숙인 채 서 있었다.

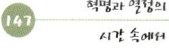

그래서 나는 모자를 푹 눌러 쓰고 외투의 단추를 채우고 두 팔은 뒷짐을 진 다음 빽빽이 떼를 지어 몰려오는 대공 식구들의 행렬 한가운데를 헤치고 나아갔다. 제후들이 좌우로 늘어서자 루돌프 대공은 나에게 모자를 벗고, 대공비 역시 나보다 먼저 인사하였다. – 고명한 양반들도 나를 알아보았다. – 일행이 괴테 앞을 지나가는 것을 돌아다 보았더니 괴테는 길 옆에 서서 모자를 벗어 들고 머리가 땅에 닿도록 허리를 굽히고 있었다. 뒤에 나는 괴테에게 그러면 안 된다고 말해 주었다. 괴테는 반대로 내게 그러면 안 된다고 충고하였다.

그렇지만 베토벤은 여전히 괴테의 문학 작품은 좋아하였다.
베토벤은 그것에 대해 이렇게 말하였다.
"괴테의 시는 나를 행복하게 해 줍니다."
괴테는 베토벤에 대해서 이렇게 말했다.

베토벤은 불행히도 완고한 데다가 모질기 짝이 없는 품격을 가진 사람이다. 그가 세상을 흉악한 것이라고 생각한다는 것도 무리는 아니다. 그렇지만 그것은 자기 자신에게나 다른 사람들에게나 이 세상을 편안하게 만들지 못한다. 하긴 그는 귀가 먹었으니까, 그것을 용서하고 동정해 줘야 하겠지만.

결국 두 사람은 서로를 생각하는 본래의 마음이 어떻든 간에 첫 만남을 두고서는 서로 빈정거리고 있었던 것이다.

그 뒤 괴테는 정부의 높은 공직자로 일했지만, 베토벤을 괴롭히거나 해를 끼치는 일은 하지 않았다. 그렇다고 도움이 될 만한 일도 전혀 하지 않았다. 베토벤에 관해서도 그의 작품에 관해서도 전혀 말을 하지 않았다. 그러나 괴테도 마음 속으로는 베토벤의 음악을 찬탄하고 있었다.

그런데 왜 그것에 대해 말을 하지 않았을까? 아마도 괴테는 베토벤의 음악이 자기의 마음을 흔들어 놓지나 않을까 두려워했던 것 같다. 많은 고심 끝에 얻은 평온이 베토벤의 음악 때문에 흔들릴까 염려했던 것이다.

멘델스존의 편지를 보면 괴테의 마음을 잘 알 수 있다.

처음에 괴테는 베토벤의 이야기를 듣고 싶어하지 않았다. 그러나 내가 들어달라고 여러 번 말하자 그도 어쩔 수 없었다. 또 제5교향곡의 제1악장에 귀를 막을 수도 없었다. 이 음악에 그는 몹시 감동한 듯하였다. 그러나 그것을 조금도 얼굴에 나타내지 않았다. 다만 이렇게 말하고 있었다.

"아무런 감동도 주지 못하고 그저 약간 신기할 뿐이로군."

조금 있다가 다시 말했다.

"그것 참 굉장하군. 맹랑한데. 집이 막 무너져 내릴 것 같지 않은가."

그리고는 식사를 하게 되었는데, 그 동안 괴테는 깊이 생각에 잠겨 있었다. 내가 화제를 다시 베토벤에게로 돌리자 여러 가지로 내게 묻기 시작하였다. 효과가 있었다는 것을 짐작할 수 있었다.

분석해서 보기

베토벤이 좋아한 문학가와 사상가

베토벤은 문학에 대한 관심이 대단히 깊었다.

"괴테와 실러는 내가 좋아하는 시인입니다. 오시안과 호메로스도 좋아합니다만 이 시인들의 작품은 번역된 것밖에 읽을 수 없어 그게 흠입니다."

실러의 시는 베토벤이 본 대학에 청강생으로 다닐 때나 독서회에서 배웠을 가능성이 있다.

베토벤은 실러의 시를 가지고 여러 편을 작곡하였다. 〈기쁨의 노래〉, 〈빌헬름 텔〉에 나오는 '수도사의 노래', 〈오를레앙의 처녀〉 끝 부분에 나오는 '고통은 잠시일 뿐', 발라드 〈외국 소녀〉 등의 작품이 모두 실러의 시다. 또한 우리에게 잘 알려진 〈합창 교향곡〉에도 실러의 시가 나온다.

베토벤은 오랫동안 실러의 시를 합창 교향곡 속에 넣을 생각을 가지고 있었다.

괴테의 문학에 대해서는 '거창하고 당당하고 항상 D장조인 것 같다'고 말했다.

베토벤은 괴테뿐만 아니라 호메로스, 플루타르크, 셰익스피어를 특히 좋아했다.

호메로스의 작품은 〈오디세이〉를 즐겨 읽었다. 셰익스피어는 늘 독일어 번역으로 읽어야 했다. 그리고 그가 얼마나 비극적 웅대함을 가지고 〈코리올란〉과 〈템페스트〉를 음악으로 옮겨 놓았는지는 모두가 아는 사실이다.

베토벤도 프랑스 혁명 시대의 많은 사람들처럼 플루타르크의 혁명 사상에 영향을 받았다.

브루투스는 미켈란젤로의 영웅이기도 했지만 베토벤의 영웅이기도 했다. 베토벤은 플라톤을 좋아했다. 가능하다면 플라톤이 세우고자 했던 이상 국가를 자신이 세우고 싶어했다. 또한, 베토벤은 소크라테스와 예수가 자신의 모범이라고도 말했다.

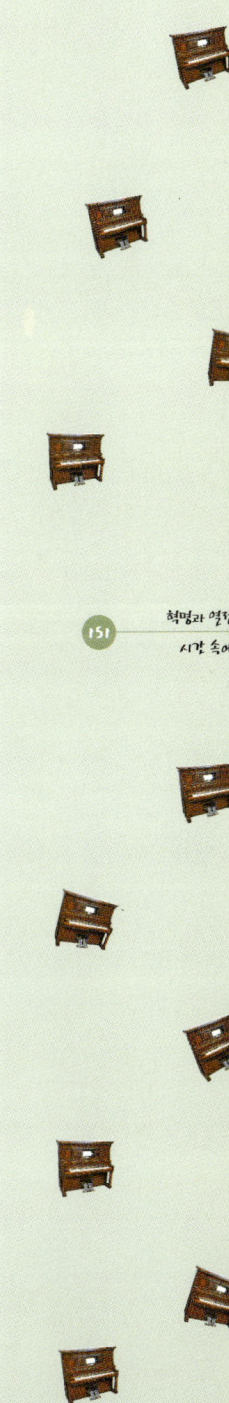

전 유럽의 명성을 한 몸에

베토벤은 테플리체에서 교향곡 7번과 8번을 작곡하였다. 7번 교향곡은 율동의 잔치이며, 8번 교향곡은 유머가 넘쳐나는 교향곡이었다. 이 두 교향곡에는 즐거움과 거세게 밀려드는 마음의 열광이 있었다. 급작스러운 콘트라스트(대비)도 엄청나고 거창한 용솟음이 있었다. 또한 거인의 용틀임 같은 힘이 넘쳐났다. 7번 교향곡은 심지어 '술주정뱅이의 작품' 이라는 평을 받기까지 했다. 이것은 그만큼 자신의 힘과 뛰어난 재주에 취한 사람의 작품이었기 때문이었다.

베토벤은 스물다섯 살에 스스로 자신의 힘을 믿었다. 그리고 이렇게 말했다.

"나는 인류를 위해 향기로운 포도주를 빚는 '바커스' 신이다. 사람들에게 거룩한 도취감을 주는 것이 바로 '나' 다."

1814년 베토벤의 이름은 유럽 전체에 영광을 가져다 주었다. 빈 회의가 1814년 9월에 열렸는데 이 회의를 기념하여 베토벤의 연주

회가 열렸다.

〈웰링턴의 승리〉, 칸타타 〈영광의 순간〉, 작품 136번, 7번 교향곡이 연주되었다. 황실 대무도회장에서 왕후들은 베토벤에게 경의를 표했다.

베토벤은 쉰들러에게 말했다.

"귀족들이 내가 하자는 대로 하더군. 얼마나 멋진 일인가! 하지만 사람들이 내가 단 한 번도 명예를 위해 작곡한 적이 없다는 걸 알아 주었으면 좋겠군. 나는 그것을 위해 작곡한 적은 한 번도 없으니까 말이야. 내 마음 속에 가지고 있는 것이 밖으로 나와야만 하기 때문에 나는 작곡을 하는 거야."

베토벤은 선한 마음을 가지고 있었다. 음악계에서 성공을 거둔 후 베토벤은 친구에게 보내는 편지에 다음과 같이 썼다고 한다.

> 가령 내가 곤궁한 처지에 빠져 있는 어떤 친구를 만났다고 하자. 그 때 만약에 내 주머니가 비어 있어 그 친구를 바로 도와 줄 수 없다면, 나는 내 책상 앞에 앉기만 하면 된다. 잠시 후면 그 친구를 구해 줄 수 있다. 이 얼마나 신통한 일인가! 나의 예술은 가난한 사람들의 행복에 이바지하여야 할 것이다.

베토벤의 오페라 〈피델리오〉를 다시 고쳤던 모셀레스가 형과 함께 베토벤을 방문한 적이 있었다. 모셀레스의 형은 베토벤이 괴상한 사람이라는 소문을 듣고 있었다.

그러나 모셀레스의 형은 위대한 인물, 베토벤을 만나고 싶어했다.

둘은 베토벤의 집에 가서 모셸레스만 베토벤의 방으로 올라가고 형은 아래층에 혼자 있었다. 모셸레스는 30분 정도 베토벤과 얘기한 후에 베토벤의 회화 수첩에 이렇게 적었다.

"저는 지금 특별한 약속이 있어요. 형과 함께 가려고 해요. 그래서 형이 아래층에서 기다리고 있어요."

이 글을 보자마자 베토벤은 아래층으로 내려가 모셸레스의 형을 끌다시피 해서 데리고 왔다. 그리고는 모셸레스에게 말했다.

"내가 당신의 형을 친절하게 맞지 않을 거라고 생각했단 말이오? 이거 서운한데."

그리고는 술과 과자 등을 대접했다. 모셸레스는 베토벤의 이러한 태도에 놀랐다.

그는 베토벤이 친절한 마음씨와 선량한 성품을 가진 사람이라고 생각했다. 덧붙여서 '인간의 외면적 행동을 가지고 마음 속 깊은 곳까지 재려고 한다면 우리는 얼마나 자주 잘못을 저지를 것인가?' 하고 생각했다.

사람들은 때로 베토벤에 대해 말할 때 괴팍스럽고 상대하기 힘든 사람이라고 했다. 그의 괴팍한 성격은 대부분 귀가 안 들리는 데서 비롯되었을 것이다. 누구보다도 선량한 마음씨를 가진 베토벤을 사람들이 이해하지 못해서 그런 말을 하기도 했다.

베토벤은 독립 전쟁에도 관심을 쏟았다. 1813년에 〈웰링턴의 승리〉를 썼고, 1814년 초에는 전투적인 합창가 〈게르마니아〉를 썼다.

1814년에는 왕후가 듣는 데서 애국적 가곡 〈영광의 순간〉을 지휘하였다.

1815년에는 파리 함락에 즈음하여 합창곡 〈모두 이루어지다〉를 작곡하였다.

이 곡들은 그 때의 사정에 따라서 쓴 것들이었다. 이 작품들로 베토벤의 이름은 더욱 널리 알려졌다.

모든 것을 버린 뒤에 찾아온
기쁨이여, 기쁨이여

빈은 베토벤을 버리다

그러나 베토벤에게 이러한 영광스러운 날들은 오래 계속되지 않았다. 빈에는 음악을 좋아하는 사람들이 있었다. 그 사람들은 베토벤에게 오스트리아를 떠나지 않는다는 조건으로 4천 플로린의 연금을 지불하기로 약속했지만 그 연금은 제대로 지불되지 않았다.

처음에는 불규칙하게라도 지불되던 연금이 나중에는 아예 중단되고 말았다. 베토벤의 생활은 아주 어려웠다. 생활 필수품이 부족할 때도 있었다.

쉬포어가 베토벤을 식당에서 만나고는 하였는데 며칠 동안 베토벤이 나타나지 않았다. 며칠 후 베토벤이 식당에 나왔다.

"혹시 편찮으셨던 것은 아닙니까?"

"한 켤레밖에 없던 내 장화를 잃어버렸다네. 꼼짝없이 집구석에 틀어박혀 있을 수밖에 없었지."

로시니가 베토벤을 방문했을 때도 베토벤은 어려운 생활을 하고 있었다. 로시니는 밀라노에서 베토벤의 사중주를 듣고 매우 감탄한 적이 있었다. 이후 로시니는 이 위대한 천재와 사귀고 싶다는 생각만을 가지고 살았다.

'단 한 번이라도 좋으니 그를 볼 수 있었으면.'

로시니는 살리에리에게 접근해서 베토벤과 접촉할 수 있도록 해 달라고 부탁했다.

로시니는 베토벤을 만나러 갔다. 문을 열자 방은 형편 없이 어질러져 더러웠다. 베토벤의 다락방은 지붕 바로 아래였는데, 군데군데 갈라진 틈은 쏟아지는 비를 그대로 받아들일 것 같았다.

로시니는 베토벤이 이런 빈곤과 누추함을 견디고 있다고 생각하니 저절로 눈물이 흘렀다. 천재 음악가의 생활이 이럴 수는 없다는 생각에 가슴이 아팠다.

같이 갔던 카르파니가 말했다.

"아아! 저건 바로 베토벤이 원하는 것이에요. 베토벤은 세상을 비관하며, 성격이 까다로워 친구를 사귈 수가 없답니다."

베토벤은 그들이 방에 들어와도 쳐다보지도 않고 자기가 하고 있는 일에만 열중하고 있었다. 잠시 후에 고개를 들더니 아주 잘 알아들을 수 있는 이탈리아 어로 말했다.

"아아! 로시니, 당신이 바로 〈세빌랴의 이발사〉의 작곡가이시군. 축하해요. 그건 기막힌 오페라에요. 아주 즐겁게 보았소. 정말 재밌었어요. 그것은 이탈리아의 오페라가 계속되는 한 언제까지나 연주될 거요. 오페라 이외의 다른 것엔 결코 손대지 마시오. 당신이 다른 장르에서 성공하기를 바란다면, 아마 그 때문에 당신의

운명은 뒤틀어져 엉망이 될 거요."

"마에스트로 로시니께선 〈탄크레디〉와 〈오셀로〉, 〈모세〉 같은 두고두고 기억해야 할 오페라를 많이 작곡하셨답니다."

같이 왔던 카르파니가 중간에 끼여들었다. 카르파니는 연필로 이렇게 적었다. 베토벤이 귀가 먹어서 대화는 글로 써서 했다.

"제가 얼마 전 마에스트로 로시니의 오페라들을 봐 주십사 하고 보내 드린 적이 있는데요."

베토벤은 대답했다.

"물론 나는 그걸 전부 훑어보았소. 그러나 알다시피 낙천적이고 감성적인 이탈리아 사람들은 비극적인 내용의 오페라를 좋아하지 않아요. 그들은 진실한 드라마 속에 담긴 음악의 이성적인 면, 인간이 엮어 나가는 복잡한 삶의 이야기를 잘 이해하지 못하거든. 이탈리아에서 그런 심각한 오페라들이 성공하기를 바랄 수는 없는 일이지요."

베토벤과는 글로써 대화를 나눌 수밖에 없었기에 로시니의 방문은 아주 짧게 끝이 났다.

"선생을 만나 선생의 작품을 찬양하게 해 주셔서 뭐라고 감사의 말씀을 드려야 할지. 정말 전부터 꼭 한 번 만나고 싶었지요."

그러나 베토벤은 깊은 한숨을 쉬더니 이렇게 말했다.

"아아! 이 비참한 꼴을 보시오."

한참 지난 뒤, 베토벤은 이탈리아의 극장에 대해서, 또한 모차르트의 오페라가 그 곳에서 자주 공연되는가에 대해서도 알고 싶어했다. 로시니는 성실하게 그 물음에 답했다.

로시니 일행이 일어서자 베토벤도 따라 일어나며 그들을 배웅하면서 말했다.
"좋은 공연을 기대하오. 〈젤미라〉의 성공을 바라고 있소. 무엇보다도 〈세빌랴의 이발사〉 같은 작품을 많이 쓰시오."
로시니는 바로 그 날 저녁, 메테르니히 공 궁전의 축제 만찬에 참석했다. 로시니는 베토벤을 만나고 난 뒤부터 계속 마음이 아팠다. '이 비참한 꼴을 보시오.' 하고 말하던 베토벤의 음성이 아직도 귓속에 쟁쟁했다.
로시니는 음악의 도시 빈에 와서 위대한 예술가들과 귀족들에게 온갖 환대를 받는 자신에 대해 만족하고 있었다. 그러나 자신이 존경하는 베토벤은 자신과는 너무나 다른 처지에 빠져 있지 않은가.
로시니는 위대한 천재를 대하는 귀족과 궁정의 태도를 신랄하게 꼬집어 말했다.

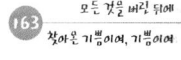

"베토벤과 같은 위대한 음악가가 그렇게 어려운 형편에 있는데 어떻게 모른 척만 하고 있단 말이오? 정말 놀랐소."
그러자 귀족들은 아무렇지도 않다는 듯이 대답했다.
"그건 바로 그가 원하는 삶이오. 그는 세상을 비관하며 까다롭고 친구를 사귈 줄도 몰라요."
"그렇지만 베토벤이 귀가 먹었다는 건 그가 어떠한 도움도 받을 수 있다는 것 아닌가요? 베토벤을 돕기 싫으니까 그의 약점들을 늘어놓는 것이 진정으로 자비로운 짓이냐고요! 그를 돕는 일은 지극히 쉬워요. 만약에 모든 부유한 가문이 각기 얼마의 돈을 내놓겠다고 서약하면 그가 여생을 아무 걱정 없이 편히 보낼 수 있을 거예요."

그러나 아무도 로시니의 제안에 동의하지 않았다.

만찬이 끝난 뒤, 나머지 저녁은 메테르니히 살롱의 리셉션으로 채워졌다. 거기엔 최고로 유명한 인사들이 다 모여 있었다. 거기서도 연주회가 있었는데, 프로그램엔 최근 간행된 베토벤의 〈13중주〉 한 곡이 들어 있었다. 그랬다. 베토벤이 고독과 가난함 속에서 살고 있는 동안에도 베토벤이란 이름은 늘 사람들 입에 오르내렸다.

그 자리에서 베토벤의 새로운 걸작은 종교적인 경건함으로 경청되었고 눈부신 성공을 거두었다. 그 모든 세속적 화려함의 한 가운데서 이 음악을 들으면서 로시니는 슬퍼서 혼자말을 했다.

"바로 이 순간에 위대한 그 사람은 혼자 그의 다락방에서 깊은 영감에 찬 작품들을 창조하고 있을 것이오. 그리고 그 음악 역시 이전의 다른 작품들과 마찬가지로, 바로 여기 모인 당신네 귀족들에게 기쁨을 줄 것이오. 당신들이 비록 베토벤의 불행에 아랑곳하지 않고 있다고 해도 그는 어김없이 숭고한 아름다움을 당신들에게 베풀어 줄 것이오."

귀족들의 냉대 속에서도 로시니는 베토벤에게 집 한 채 장만해 주기 위한 자금을 모았지만 모인 돈은 얼마 되지 않았다. 사람들의 반응은 한결같았다.

"당신은 베토벤을 알지 못해요. 그는 자기가 집주인이라는 사실을 안 다음 날이면, 아마 그 집을 팔아 버릴 거요. 그는 집이라는 것이 필요 없다고 생각할 거예요. 그는 6개월마다 집을 옮기고, 6주일마다 하인을 바꿔야 한다고 생각하거든요."

빈 사람들은 1814년 빈 회의가 열린 이후 예술보다는 정치에 관심을 가지게 되었다. 음악에 대한 취미는 이탈리아 출신 음악가들 때문에 그 수준이 차츰 낮아지고 있었다.

베토벤의 친구들과 옹호자들도 죽거나 흩어졌다. 킨스키 공은 1812년에, 리히노프스키는 1814년에, 로프코비츠는 1816년에 죽었다. 베토벤이 훌륭한 현악 사중주곡 작품 제59번을 바친 라주모프스키는 1815년에 죽었다.

베토벤은 엘레노레의 오빠인 슈테판 폰 브로이닝과도 사이가 나빠졌다. 베토벤은 혼자가 된 것이다. 베토벤은 절망에 빠져 말했다.

"나에게는 친구도 없다. 나에게는 천하에 고독뿐이다."

베토벤은 마침내 들을 수 있는 능력을 완전히 잃고 말았다.

1815년 가을부터 베토벤과 얘기할 때 사람들은 회화 수첩을 사용했다.

조카의 아버지가 되다

"형님, 제가 먼저 이 세상을 떠나요. 제 아내와 아들 카를을 잘 부탁해요. 형님은 제 처를 마음에 들어하지 않으셨죠. 하지만 마음씨만은 착한 여자예요."

1815년 11월, 동생 카를이 세상을 떠났다.

"내가 인생을 버리고 싶어하던 만큼 그는 인생에 많은 애착을 가지고 있었다."

베토벤은 동생의 죽음에 대해 이렇게 말했다.

베토벤은 처음에는 제수 요한나와 함께 카를의 후견인이 되었다. 하지만 베토벤은 제수 요한나를 믿지 못했다.

"난 당신 같은 여자를 믿을 수가 없소. 그러니 카를은 내가 데려가 잘 키우겠소."

"아주버님이 저를 믿지 못하는 것은 잘 알아요. 그렇다고 우리 아이를 데려가는 걸 가만히 보고만 있지는 않겠어요. 카를은 이제 아홉 살밖에 안 된 어린아이예요. 아주버님이 아무리 카를을 잘 키운다고 해도 카를에게는 어머니가 필요해요."
"어쨌든 나는 카를을 데리고 가겠소."
"그렇다면 저는 소송을 걸겠어요."
얼마 후, 재판정에서 베토벤에게 연락이 왔다.
'베토벤 선생님, 조카의 후견인을 결정하는 재판이 열릴 예정이니 나와 주십시오.'
아홉 살짜리 조카를 놓고 소송이 벌어졌다. 소송은 쉽게 끝나지 않았다. 베토벤이 카를에게 갖는 애정은 옛날 동생들에게 쏟았던 것과 같은 것이었다. 그래서 베토벤은 요한나에게 아이를 맡길 수 없다고 생각했다. 길고 힘든 재판이 진행되는 동안 베토벤은 작곡도 멈추어야 했다.

베토벤은 재판이 진행되는

동안 힘이 들어서 병이 나기도 했다. 베토벤은 자신의 괴로운 심정을 다음과 같이 썼다.

"오오, 신이여. 나를 도와 주소서! 내가 부정과 타협하지 않는 것 때문에 모든 사람들로부터 버림을 받고 있는 것을 당신은 보실 것입니다. 나의 기도를 들어 주소서. 이제부터라도 나의 카를과 함께 살 수 있도록 하여 주소서! 아아, 무참하고 가혹한 운명! 아니다, 아니다. 나의 불행은 끝날 때가 없으리로다."

아홉 살이었던 카를이 열네 살이 되어서야 소송은 끝났다.

"카를에 대한 양육권은 베토벤 씨가 갖도록 합니다."

베토벤이 조카의 양육권을 갖게 되었다. 이 판결문을 받아 들고 베토벤은 '조카를 자식처럼 생각하고 키워야지' 하고 생각했다.

베토벤은 조카에게 온갖 정성을 다 쏟았다.

"카를, 이제부터 내가 너의 아빠나 다름없어. 이 큰아버지를 믿고 살아가길 바란다."

"네, 큰아버지."

하지만 카를에게는 큰아버지의 그 정성이 부담스러웠다. 큰아버지 베토벤은 여태까지 다른 사람에게 쏟지 못한 애정을 자기에게 모두 쏟는 것 같았다. 카를은 아버지를 잃은 슬픔에다 어머니와 떨어져 있는 것까지 모두가 힘들었다.

"큰아버지, 제게 너무 잘 해 주지 마세요. 저는 큰아버지가 생각하시는 것처럼 잘 할 수도 없어요. 그리고 어머니도 너무 보고 싶어요."

"그래, 알았다. 내가 네 어머니하고는 잘 얘기해서 너와 만날 수 있게 하마. 하지만 너는 내게 아주 귀한 존재란다. 네 아버지가 내게 아주 소중한 동생이었던 만큼 너도 내게는 아주 소중하단다. 그러니 제발 이 큰아버지를 실망시키지는 말아 다오. 너도 열심히 하면 언젠가는 훌륭한 음악가가 될 수 있을 거야. 그 때까지 참고 한번 열심히 해 보자꾸나."

하지만 카를은 큰아버지의 그런 기대를 받아들이지 못했다. 기숙사가 있는 학교에 보냈지만, 카를은 거기서 말썽만 일으키고 공부는 제대로 하지 않았다.

"베토벤 씨, 카를은 더 이상 이 학교에 다니기가 힘듭니다. 그러니 오셔서 카를을 데려가시는 게 좋겠습니다."

그러나 베토벤은 어떤 경우에도 조카 카를을 포기하지 않았다. 카를에 대한 베토벤의 애정이 어느 정도인지는 다음의 편지를 보면 잘 알 수 있다.

> 또다시 너는 내 은혜를 잊었단 말이냐? 우리 둘 사이의 모든 인연이 끊어져야 할 것이라면 그렇게 하려무나! 누구나 공정한 사람이 네 행실을 안다면 너를 멸시할 것이다.
>
> 우리들을 매어 놓은 사랑의 끈이 너에게 그렇게도 짐스러운 것이라면 하느님 앞에 맹세하고 하느님의 뜻에 순종하겠다. 나는 너를 하늘의 뜻에 맡기는 수밖에 없다. 내가 할 수 있는 일은 다 하였다. 나는 앞으로 안심하고 최후의 심판관 앞으로 나아갈 수 있을 것이다.
>
> 그만큼 타락을 하였으니 이제는 솔직하고 정직한 사람이 되려고 힘써 보는 것이 어떠냐? 나에 대한 네 위선적 행실 때문에 내 마음은 너무나 썩었다. 그것을 잊기는 어려울 지경이다. 내가 너와, 한심한 동생과, 염치 없는 가정을 멀리 떠나고 싶다는 것은 하느님이 아신다. 나는 다시는 너를 신뢰할 수 없다.

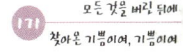

베토벤은 이 글 뒤에 이렇게 서명했다.

> 불행하게도 네 애비 된, 차라리 네 애비 아닌 베토벤.

그러나 베토벤은 곧 카를을 용서하는 편지를 보냈다.

내 사랑하는 아들아! 다시는 아무 말도 않겠다. 내 품 속으로 돌아오너라. 너에게 심한 말은 한 마디도 하지 않을 테니까. 변함없는 사랑으로 너를 맞으리라. 네 장래를 위하여 해야 할 일을 다정하게 둘이서 의논하자. 아무런 책망도 하지 않을 것을 맹세한다! 그런 것이 무슨 소용이 있겠느냐. 내게서 너는 극진한 사랑의 보살핌과 도움을 기대해도 좋을 것이다. ― 오너라! ― 너의 아버지 ― 베토벤의 변함 없는 애정으로 돌아오너라. ― 이 편지를 받는 대로 곧 집으로 돌아오너라. (그리고 겉봉에는 프랑스 말로 '네가 만약 돌아오지 않는다면, 그건 나를 죽이는 것이 된다.'라고 써 있다.)

"제발 속이지 말아 다오."
베토벤은 카를에게 애원하기도 했다.
"언제까지나 나의 극진히 사랑하는 아들로 있어 다오! 진실로 네 마음과 다르게 행동하고 있는 것이라면, 그 무슨 괘씸한 짓이란 말이냐! 잘 있거라. 너를 낳아 준 아버지는 아니지만, 확실히 너를 길러 주고 정신적 발육을 위하여 온갖 정성을 다해 온 내가 친아버지보다 더 극진한 사랑으로써 충심으로 바란다. 선과 정의의 길만이 옳은 길이니, 그 길을 밟도록 하여라."
하지만 조카 카를의 마음은 베토벤의 이런 마음과 완전히 어긋나 있었다.
"큰아버지는 나를 좋은 사람으로 만들려고 했기 때문에 나는 더욱더 나쁜 사람이 되었다!"
카를은 큰아버지와 함께 사람들 앞에 나서는 것도 싫었다. 매일같이 듣는 큰아버지의 잔소리도 싫었다. 카를은 드디어 자살을 결심했

다. 큰아버지가 좋아하는 바덴의 산책 장소로 가서 방아쇠를 당겼다. 그러나 자살 기도는 실패로 끝났다.

조카의 자살 소식을 들은 베토벤은 세상이 무너지는 것 같았다. 온갖 정성을 쏟았는데 자살이라니!

'카를, 네가 죽으면 나도 죽는다!'

베토벤은 그 일이 있은 뒤로 갑자기 스무 살은 더 늙어 보였다. 조카로부터 입은 충격에서 한동안 헤어 나오지 못했다.

조카 카를이 병원에서 퇴원하자 베토벤은 카를을 데리고 요한에게 갔다. 요한에게 가기 전에 베토벤은 잠시 망설였다. 요한은 약제

사를 해서 돈을 벌었다. 그 돈으로 이자놀이를 해서 돈을 많이 모으고 땅도 많이 갖고 있었다. 그러나 요한은 돈만 알고 형제들에게까지 구두쇠 노릇을 했다.

한번은 베토벤이 생활이 너무 궁해져 요한에게 도움을 청한 적이 있었다.

요한은 한 번에 거절하며 말했다.

"형이 선택한 직업은 원래 풍족하게 살 수 있는 직업이 아니지 않습니까? 그러니까 형이 곤경에 빠져 있는 것도 따지고 보면 형 자신에게 책임이 있습니다. 미안하지만 저로서는 형님을 도와 드릴 수가 없습니다."

베토벤이 카를을 데리고 요한의 집에 갔을 때는 겨울이었다. 형님과 조카가 왔는데도 요한은 방에 불을 때 주지 않았다. 요한의 부인도 베토벤을 냉대하기는 마찬가지였다. 오히려 숙박비를 달라고 할 정도였다.

"요한아, 너도 들어서 알고 있겠지만 카를이 자살을 하려고 했다. 이제 병원에서 퇴원하고 마음을 안정시킬까 해서 데리고 왔다. 여기 있는 동안 마음이나 편안히 있다 가게 해 다오."

그러나 요한은 한결같이 쌀쌀하게 굴었다.

"그건 형님이 책임질 문제지, 제가 이래라 저래라 할 일은 아닌 것 같군요. 어쨌든 오셨으니 계시다 가세요. 형님은 언제나 저희에게 이상만을 얘기하셨지 현실에 대한 문제는 말씀하시지 않으셨지요. 저는 제 힘으로 열심히 일해서 돈을 벌었어요. 제가 형님께 잘 해 드리지 않는다고 서운해하지 마세요."

그런 요한의 모습을 보자, 베토벤은 문득 어릴 적 생각이 났다.

"옛날 생각이 나는구나. 우리가 어렸을 때 피셔 아주머니 댁에서 달걀을 훔치던 것이며, 우리 집 마당으로 날아 들어온 닭을 잡아서 삶아 먹던 것 말이야."

"형님은 지금 옛날 얘기를 하면 제 마음이 달라질 거라고 생각하세요?"

"아니다. 네 형 카를도 세상에 없고 우리 둘이 남았는데 이렇게 남처럼 지내니 옛날 생각이 난 것뿐이다. 어머니가 돌아가시고 아버지도 술에 절어 사실 때 나는 너희들을 참 예뻐했었는데, 어쩌다 이렇게 되었는지 모르겠구나."

베토벤은 동생 요한의 집에 머무르는 동안 너무 추웠다. 그래서인지 몸이 몹시 쇠약해지고, 심한 감기에 걸리고 말았다. 베토벤은 집으로 돌아오자마자 자리에 누웠다.

카를은 육군에 지원했다.

1월 초에 카를은 소속 연대가 있는 곳으로 떠났다.

"카를, 건강하게 잘 지내거라. 내가 너를 힘들게 했지? 다른 뜻은 없었다. 전에 편지에도 썼지만 큰아버지는 네가 없으면 죽을 것 같았다. 죽은 네 아버지보다 너를 더 사랑했어. 너를 내 자식으로 생각하고 네가 잘 되는 것을 보고 싶었어. 그게 네게는 짐이 되었던 모양이다만. 어쨌든 건강하게 어머니 모시고 잘 살아라. 이젠 너를 더 볼 수 있을 것 같진 않구나. 내가 죽을 때 네가 옆에 있어주었으면 했는데 이젠 다 틀렸지."

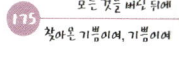

"큰아버지, 죄송해요. 아무런 재주도 없는 저를 재주꾼으로 만드

시려고 마음 고생 많이 하셨는데 오래 사셔야지요."
"아니다. 나는 이제 얼마 더 살지 못한다. 카를, 부디 잘 살아라. 사랑하는 내 아들아, 네 엄마하고도 화해를 해야지."
베토벤은 조카를 보내 놓고 정말 쓸쓸했다. 몸도 더 약해졌다.

기쁨이여, 기쁨이여

그러나 베토벤은 슬픔 가운데만 있지는 않았다.
'이제 나는 내가 할 일을 해야 해. 이대로 슬픔 속에 빠져서 지낼 수는 없지. 귀가 안 들리는 절망감에서도 헤어 나온 내가 아닌가! 그래! 환희, 환희가 있었어. 실러의 시를 주제로 해서 그 교향곡에 합창을 넣는 게 좋겠지. 그런데 어떻게 하면 좋을까?'

베토벤은 '환희'를 찬양하려 했다. 그것은 베토벤이 일생을 두고 해야겠다고 마음먹은 것이었다.

베토벤은 실러의 시를 좋아했다. 그래서 그의 시를 가지고 노래말을 만든 적이 여러 번 있었다.

전 생애를 통해 베토벤은 환희를 노래하여 그것으로 대작을 만들고 싶어했다.

그런 만큼 베토벤은 고민도 많이 했다.

'오늘은 환희의 날, 노래의 소재가 될 값어치가 있는……(제1악장

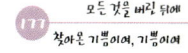

의 주제). 아, 아니다, 그걸로는 되지 않는다. 좀더 즐거운 것을 바란다……(제2악장의 주제). 그것도 좋다고 할 수 없다. 단지 좀더 유쾌할 따름이다(제3악장의 주제). 그것 역시 너무 연약하다. 보다 고무적인 것을 찾아 내야겠다. …… 내가 직접 너에게 무엇인가를 노래하겠다(제4악장의 주제). 됐다! 이제 나는 기쁨을 표현하는 방법을 찾아 냈다!'

베토벤은 '아다지오'의 둘째 멜로디에 성악을 넣기로 했다.

'어떤 악상이 떠오를 때 내게는 그것이 기악으로 들렸지 성악으로 들린 적은 없었어. 그렇지만 사람의 목소리도 훌륭한 악기가 될 수 있는 거야.'

베토벤은 환희의 극치를 노래하고 싶어하면서도 얼른 완성하지 않았다.

베토벤은 그것보다는 사람을 그리워하였다. 베토벤은 생애의 마지막에 그것을 완성하였다.

환희의 노래는 베토벤이 만들어 낸 '신의 노래'다. 주위는 조용해지고 '환희'가 하늘에서 내려온다.

가벼운 숨결로 환희는 고뇌를 어루만져 준다. 고뇌가 사라진 마음 속에 기쁨이 스며든다.

그 때의 첫인상은 한없이 따사롭다.

'그 부드러운 눈을 보면 울고 싶어질 정도이다.'라는 말이 실감이 난다.

주제가 성악으로 옮겨지면 조금은 무겁고 억압된 분위기가 난다. 그러나 다시 전체를 휘어잡아 버리는 환희! 그것은 하나의 정복이고, 고뇌에 항거하는 투쟁이다. 뒤이어 행진의 리듬이 울리고 군대가 행진한다.

테너가 열심히 부르는 노래는 바로 베토벤의 숨결이다. 폭풍우를 무릅쓰고 헤매는 리어 왕의 모습이 들어 있다. 거기다가 영감을 받아 소리지르는 베토벤의 리듬도 들려 온다.

합창단과 4명의 독창자들은 점차 음악 속으로 엮어져 들어간다. 그 바탕은 주요 주제가 깔려 있는 일련의 변주곡이다. 그 뒤로 짜임새가 복잡해진다.

그 변주의 하나로 심벌즈와 트라이앵글이 기병용 총검과 박차의 효과를 내는 행진곡이 있다.

그 의연한 걸음걸이에 맞추어 테너 독창자가 '형제들이여, 그대들의 길을 달려라. 승리를 향해 전진하는 영웅과 같이'라고 노래한다. 그 뒤로 환희 송가의 변주로 조금 복잡한 오케스트라의 푸가가 이어진다.

다시 한 번 주요 주제가 선언된다.

그 다음엔 잠시 침묵. 사랑하는 형제들 간의 위대한 찬가가 울려 나온다.

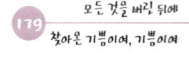

> 아, 너희 수백만의 인간들아, 내가 너희를 포용하노라 —
> 여기 만인을 위해 기꺼이 입맞춤을 보내노라!

엄숙하다. 다시 〈기쁨의 노래〉와 〈형제애의 찬가〉라는 두 개의 주요 주제가 돌아온다.

'모든 사람은 형제여야 한다'는 거대한 이상이 선언되면서 음악은 막을 내렸다.

연주회는 대성공이었다. 사람들이 열렬하게 환호했다. 우레와 같은 박수 소리가 터져 나왔다.

말 그대로 '환희' 하는 군중들, '환희' 에 찬 인간들이 바로 여기에 있었다.

그러나 베토벤은 가만히 서 있을 뿐이었다.

"베토벤, 정말 대단해요!"

빈 사람들은 예의를 잘 지키는 사람들이지만 황실의 귀한 손님을 맞을 때에도 세 번밖에는 박수를 보내지 않는다.

그런데 베토벤에게는 다섯 번씩이나 박수를 보냈다. 그런데도 베토벤은 멀뚱멀뚱 서 있을 뿐 반응이 없었다. 아니, 아예 관객석 쪽으로 돌아서지를 않았다.

독창을 맡았던 소프라노 가수가 베토벤의 뒤에 와서 베토벤이 청중을 향해 서도록 했다.

감동의 물결이 일어났다. 사람들이 너무 많아서 경찰이 질서를 지키도록 하고 있었다.

베토벤은 그런 사람들을 보는 것만으로도 가슴이 벅찼다. 베토벤은 너무 기쁜 나머지 연주회가 끝난 뒤 기절해 버렸다.

사람들이 베토벤을 집으로 실어 갔을 때도 베토벤은 정신을 못 차렸다.

베토벤은 옷을 입은 채, 먹지도 마시지도 않고 이튿날 아침까지 잠이 들어 있었다.

아침에 눈을 떴을 때, 베토벤은 옷을 입은 채 누워 있는 자신을 발견했다.

"아니, 이게 어떻게 된 거지? 쉰들러, 이리 좀 와 보게."

"네, 갑니다."

"내가 어제 어떻게 됐었나?"

"연주회를 마치고 정신을 잃고 쓰러지셔서 제가 집으로 모셔 온 겁니다."

"내가 그 정도로 정신이 없었나? 그러고 보니 사람들이 박수를 치고 환호하던 모습은 생각이 나는데, 그 다음을 모르겠군. 사람들이 많이 왔으면 수익금은 좀 들어왔겠지."

"그게 좀……, 사람들은 많이 왔는데 실제로 들어온 수입은 얼마 되지 않습니다."

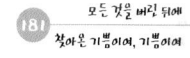

"그래, 사람들의 마음이 이 베토벤에게로 돌아온 걸까? 아니지. 내일이면 사람들은 또 로시니의 오페라를 들으러 가겠지. 이젠 빈 사람들의 마음이 옛날 같지 않아."

연주회는 대성공이었지만 그것은 그냥 한순간 감격을 맛보는 것으로 끝이 났다.

실제적 효과는 없었다.

음악회에서 들어온 수입도 없었다. 베토벤은 전처럼 가난했고 병에 시달렸고 외로웠다.

그러나 베토벤은 정신적으로 승리자였다. 보통 사람들의 정신을 사로잡았다.

자기 자신의 운명과 고뇌를 이겨 낸 승리자였다. 베토벤은 자기가 한 말에 아주 충실했다.

'생활의 하잘것없는 노릇을 언제나 너의 예술을 위해 바쳐라! 무엇보다도 신은 높은 것이니!'

주여, 나를
불쌍히 여기소서

영원한 음악의 이상

언젠가 베토벤은 디아벨리가 선물한 하이든의 생가를 그린 석판화를 바라보며 말했다.
"저 작은 집을 보게. 그렇게 위대한 인물이 저 곳에서 태어났다니……."
이제 죽음을 앞두고 베토벤은 스승으로 인정하기보다는 경쟁자로 대했던 하이든에게 화해를 청하고 있었다.
베토벤은 또 유서를 작성하면서 제수 요한나를 불렀다.
"제가 못 할 일을 했지요. 용서해 주세요. 이제 이 돈은 카를에게 주는 겁니다. 그러나 만일 카를이 군대에서 사고로 죽을 경우에는 제수씨 몫이 됩니다. 이것이 제가 마지막으로 해 드릴 수 있는 전부입니다."
요한나는 설움이 북받쳐 눈물을 글썽이며 말했다.
"아주버님, 카를이 아주버님의 뜻도 제대로 헤아리지 못하고 말

성만 피웠는데 그 애에게 유산을 남겨 주신다니 정말 드릴 말씀이 없습니다. 어쨌든 건강을 다시 찾으셔야지요."

"고맙습니다. 이제 저는 더 이상 가망이 없습니다. 부디 행복하게 사십시오."

베토벤은 죽기 전 카를에게 편지를 썼지만, 그의 임종을 지켜 준 사람은 조카가 아니었다. 카를은 큰아버지의 임종도 지켜 보지 못했던 것이다.

베토벤은 자기의 남은 재산을 카를에게 남겼다. 죽으면서도 카를에 대한 애정을 버리지 않았던 것이다.

베토벤은 폐가 약해졌다. 그로 말미암아 엿새 동안 꼼짝 못 하고 고생해야 했다. 그러나 이레째에는 기분이 좋아져서 일어나 걷기도 하고 읽고 쓰기도 할 만큼 되었다. 하지만 그 상태는 오래 가지 않았다. 여드레째 되는 날, 베토벤은 온몸이 누렇게 되어 기운을 차리지 못했다. 심하게 토하고 계속해서 설사를 했다. 베토벤은 금방 죽을 것 같았다.

다행히 베토벤은 회복되었다. 그러나 몸 속에 물이 생겨 세 번이나 수술을 받았다. 수술은 12월 20일, 1월 8일, 2월 2일, 2월 27일에 있었다. 베토벤은 네 번째 수술을 받기 열흘 전에 베겔러에게 편지를 보냈다.

브로이닝으로부터 자네의 두 번째 편지를 기쁘게 받았네. 아직도 난 너무 기운이 없어 답장을 쓸 수가 없네. 그러나 자네가 말해 준 것은 모두 나에게는 반갑고, 또 내가 바라는 것을 믿어 주게. 내 병의 회복은 — 이것을 회복이라고 부를 수가 있다면 – 아직도 더디네. 의사들은 내게 그런 말을 하지는 않지만, 네 번째 수술을 각오하지 않으면 안 될 듯하네. 나는 진심으로 생각하네! 모든 불행 뒤에는 반드시 어떤 좋은 일이 따르는 법이라고. 자네에게 말하고 싶은 것이 태산 같네! 그러나 기력이 없네. 다만 나는 자네와 로르헨을 마음 속으로 껴안을 수 있을 따름이네. 자네와 자네의 가족들에게 진실한 우정과 애정을 가지고.

자네의 오래 되고 충실한 벗 베토벤

베토벤은 병중에 돈이 한 푼도 없게 되었다. 베토벤은 런던 필하모닉 소사이티와 영국에 있는 모셀레스에게 자신을 위하여 음악회를 열게 해 달라고 편지를 썼다.

소사이티는 즉시 베토벤에게 백 파운드를 선금으로 보냈다. 베토벤은 이 돈을 받고 두 손을 모으고 기쁨과 감사의 눈물을 흘렸다. 그리고 베토벤은 영국 사람들에게 감사의 편지를 쓰면서 〈10번 교향곡〉과 한 편의 서곡, 그 외에도 그들이 바라는 것을 해 주겠다고 약속했다.

베토벤이 자기가 짊어진 운명을 받아들이는 것을 다음의 편지에서 볼 수 있다. 이 편지는 베토벤이 죽기 보름 전쯤에 모셀레스에게 보낸 편지이다.

친애하는 모셀레스!
2월 27일에 나는 네 번째 수술을 받았네. 그리고 머지않아 다섯 번째 수술을 각오하지 않으면 안 될 것 같네. 이런 상태가 앞으로도 얼마 동안 계속

된다면 나는 어떻게 될까? — 정말로 나의 운명은 험하기도 하군. 그러나 나는 운명에 순종하고 있네. 그리고 내가 살아 있으면서 죽음을 겪는 동안, 신이 그 거룩한 뜻으로써 나로 하여금 어려움을 이기게 해 주시기만 빌고 있네. 그러면 나의 운명이 아무리 사납고 무서운 것이라 할지라도 나는 '지극히 높으신 분'의 뜻에 순종함으로써 나의 운명을 견디어 나갈 힘을 얻을 수 있겠지.

자네의 벗 L.V.베토벤

베토벤이 죽기 일 주일 전에 슈베르트가 찾아왔다. 이들이 만난 것은 이 때가 처음이었다.

슈베르트가 태어난 1797년에 이미 베토벤은 유명한 작곡가와 연주자로 자리를 잡고 있었다. 베토벤과 슈베르트는 거리 하나를 사이에 두고 마주 보고 있을 만큼 가까이에 있으면서도 서로 만나지 못하고 있었던 것이다. 그 이유는 슈베르트의 수줍음 때문이었다. 그런 슈베르트가 베토벤을 찾아온 것이다.

베토벤은 슈베르트에게 말했다.

"왜 우리가 이제 만난 거지? 진작 만났으면 좋았을걸."

서로 다른 음악 세계를 창조해 왔지만 두 사람은 만나자마자 음악적 열정 하나만으로도 서로를 감싸안을 수 있었다. 베토벤은 슈베르트가 보여 준 가곡을 보고 말했다.

"정말 아름다운 곡이군. 여기엔 하느님의 불꽃이 들어 있어."

"고맙습니다. 그렇게 말씀해 주셔서. 저는 이미 오래 전부터 선생님을 존경해 왔습니다. 선생님의 음악은 제 음악과는 달리 힘이 있더군요."

"자네의 이 아름다운 가곡들을 보라구. 이 노래들은 사람들의 마음을 끄는 힘이 있어. 이 곡들은 오랫동안 사랑을 받을 거야."

베토벤에게 죽음이 점점 다가오고 있었다.

베토벤은 죽음을 앞에 두고 '이제 희극은 끝났다.'고 말했다.

베토벤이 죽음을 맞이하던 날은 3월인데도 눈보라가 휘날리고, 우렛소리가 요란하게 천지를 울리고 있었다. 젊은 음악가 안젤름 휘텐브렌너와 요한나가 베토벤이 마지막 죽음으로 가는 길을 지켜 주고 있었다.

휘텐브렌너는 베토벤을 계속 지켜 보고 있었다. 베토벤은 눈도 뜨지 못하고 누워 있었다. 그러던 베토벤이 갑자기 눈을 떴다. 휘텐브렌너와 요한나는 깜짝 놀라 베토벤을 바라보았다.

"선생님!"

"아주버님!"

베토벤은 오른손을 허공에 대고 주먹을 불끈 쥐었다. 그리고 다시 손을 내렸다. 베토벤의 숨소리가 다시 들리지 않았다. 휘텐브렌너는 베토벤의 이런 행동은 '용기를 가져라, 인간들이여! 전진하라! 나를 믿으라! 승리는 우리 것이다!' 라는 뜻이라고 생각했다. 휘텐브렌너는 베토벤의 눈을 감겨 주었다.

    철저하게 비극적 인생을 살다간 베토벤, 하지만 베토벤은 결코 사람들에게 비극적 인생관을 심어 주지 않았다. 자신이 만든 아름다운 곡을 통해 어떤 어려움 속에서도 용기를 잃지 않고 굳세게 살아가는 삶의 방법을 말해 주었다.

베토벤의 장례식

베토벤의 친구들은 장례식에 필요한 준비 때문에 장례식을 3월 29일 오후에 하기로 결정했다. 베토벤의 죽음을 알리는 넉넉한 양의 부고장이 즉시 인쇄되어 아낌없이 뿌려졌다. 온화하고 아름다운 봄날이었다. 호기심에 찬 수많은 사람들은 장례식이 거행되는 교회와 베토벤이 마지막에 살았던 슈바르츠파니어 하우스로 몰려들었다.

남녀 노소, 가난한 사람, 잘 사는 사람 할 것 없이 2만여 명에 이르는 사람들이 몰려들었다. 사고를 피하기 위해 '애도의 집' 문을 잠그지 않으면 안 되었다. 베토벤의 시신이 안치되어 있는 넓은 홀은 더 이상 몰려든 사람들을 받아들일 수 없었기 때문이었다.

4시 30분에 고위 성직자들이 나타났다. 장례 행렬은 교회까지 이르는 동안 일직선으로 진행했는데, 1.5km를 넘지 않는 거리를 가로지르는 데 1시간 반 이상이 걸렸다. 몰려든 군중들 틈을 뚫고 나가는 일은 느리게 느리게 진행될 수밖에 없었다.

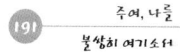

황실 궁정 오페라의 가수 여덟 명이 관을 운반했다. 그들은 어깨 위에 관을 올려놓기 전에 오페라 〈빌헬름 텔〉의 코랄을 노래했다. 그런 다음 모든 애도객들 - 고인의 예술적 동료들과 친구들, 시인, 배우, 그리고 그의 숭배자들 등등 - 은 하나같이 깊은 슬픔 속에서 검은 장갑에 상장을 펄럭이며, 왼팔엔 흰 백합 부케를 달고 상장이 동여매진 횃불을 들고서 질서 있게 움직여 갔다. 행렬을 인도하는 십자가를 진 사람 뒤에는 네 명의 트롬본 주자와 빈에서 가장 우수한 가수 열여섯 명이 따랐다.

그리고 이들은 고인이 직접 작곡한 〈주여, 나를 불쌍히 여기소서〉의 멜로디를 번갈아 연주하고 노래했다.

이 곡은 베토벤이 1812년 늦가을에 그의 동생과 더불어 머물고 있던 지방의 성당 성가대 지휘자의 부탁을 받고 작곡한 것이었다.

성가대 지휘자는 만성절에 그의 회원들(시의 음악가들)을 위해 짧은 트롬본 작품을 베토벤에게 부탁했던 것이다.

네 개의 트롬본을 위한 이 음악은 장엄한 고대 스타일로 작곡되어 있으면서도 베토벤 특유의 대담한 화성적 구조가 매우 두드러진 작품이다.

또다른 성가대 지휘자에 의해 경건한 〈죽음의 찬가〉는 창조한 사람의 정신에 완전히 부합하는 4성부 합창곡으로 〈시편〉의 가사를 붙여 편곡되었다. 이 곡은 장례식에서 트롬본과 성악에 의해 번갈아 가며 연주되었다. 음악은 매우 감동적이었다.

사제들의 행렬 뒤엔 온갖 꽃으로 아름답게 장식을 한 영구차가 따르고, 그 뒤로는 장례식에 참석한 어마어마한 사람들의 행렬이 뒤따랐다. 영구차의 오른쪽에는 위에서 내려뜨려진 검은색의 긴 리본을 붙잡고 따라오는 많은 사람들이 있었다. 이들의 양 옆으로는 횃불을 든 사람들이 걷고 있었다. 그릴파르처, 체르니, 슈베르트, 슈판치히 같은 이들이 그 무리에 섞여 있었다.

빈 음악원과 성 안나 음악 학교의 학생들, 그리고 브로이닝을 비롯하여 최고의 저명 인사들이 행렬의 맨 뒤에서 천천히 따라왔다. (브로이닝은 베토벤의 젊은 시절부터의 절친한 친구로 그의 유언 집행자이기도 했다.)

장례 행렬이 교회에 다다르자 높게 쌓은 제단 위에 시신을 모시고 축복을 비는 행사가 시작되었다. 이 식이 진행되는 동안 16성부의 남성 합창단이 〈영원한 죽음에서 나를 구하소서〉라는 찬가를 노래했다.

네 마리의 말이 끄는 화려한 영구차가 베토벤의 시신을 싣고 구름처럼 몰려든 군중 곁을 지날 때, 2백 명이 넘는 수행원들이 영구차를 호위해야 했다.

공동 묘지 문 앞에서 어느 유명한 대배우가 가장 장중한 슬픔과 감동이 넘치는 목소리로, 그릴파르처가 쓴 더할 나위 없이 아름다운 추도사를 낭독했다. 깊고 넓은 감정과 거장다운 표현들로 수놓아진 그릴파르처의 추도사는 듣는 이들로 하여금 감정에 북받쳐 소리내어 울게 했다. 슬픔과 감동의 물결이 그칠 줄 모르는 가운데 절망 속에서도 희망을 보여 준 '음악의 황제' 베토벤의 시신은 영원한 잠을 자기 위하여 흙 속에 묻히고 있었다.

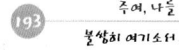

베토벤의 본성이 워낙 사랑이 넘치는 까닭에 그는 이 험악한 세상을 다루는 방법을 도저히 알 수가 없었습니다.

그래서 그는 우리에게 절망 속에서 희망을 보는 법을 가르쳐 주었고, 자기 자신은 세상에서 도망쳤던 것입니다.

만일, 베토벤이 우리 인류로부터 물러나 있었다면, 그것은 우리가 베토벤이 있는 곳으로 올라가기를 꺼려하는 어리석음 때문이요, 그 자신이 우리에게로 내려오려 애썼지만 내려올 수가 없었기 때문입니다. 그것이 베토벤과 우리에게 주어진 운명이라는 것이겠지요.

오스트리아 빈에 있는 베토벤의 동상

베토벤은 죽는 그 날까지 혼자 살았습니다. 왜냐 하면 그는 제2의 '자기'를 발견하지 못했기 때문입니다.

그러나 우리가 꼭 기억해야 할 것은 베토벤의 가슴은 생애의 마지막 그 순간까지 우리 모든 사람들을 향해 뜨겁게 고동치고 있었다는 점입니다.

……

이렇게 그는 살았고, 이렇게 그는 죽었습니다. 그리고 언제까지나 베토벤은 우리들 가슴 속에 영혼의 외침으로 살아 있을 것입니다.

카스텔리와 슐레흐타의 시 두 편의 복사본이 장례식장에 모인 모든 사람들에게 전해졌다.

세 개의 월계관과 더불어 베토벤의 관이 무덤 속으로 내려간 뒤 사람들이 성스러운 무덤을 떠날 무렵, 어느덧 황혼은 베토벤이 떠나간 세상에 내려앉고 있었다.

베토벤은 현재 빈 중앙 묘지에 수줍음이 많았던 가곡의 왕, 슈베르트와 나란히 잠들어 있다.

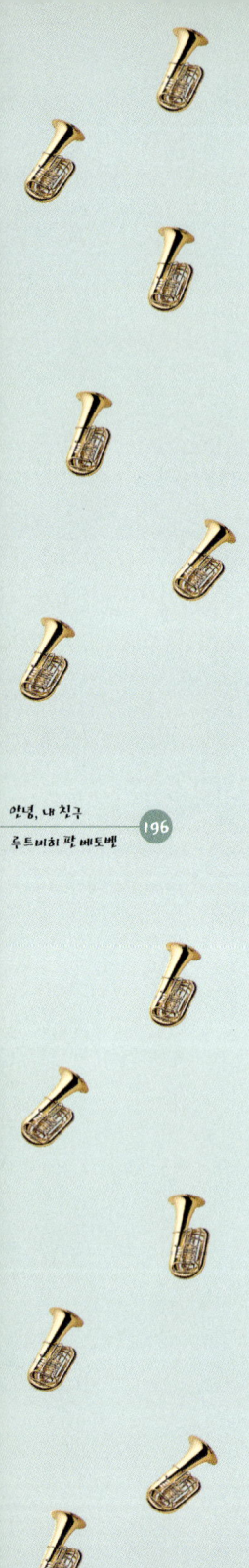

분석해서 보기
오케스트라를 위하여 만들어진 4악장 소나타, 교향곡에 대하여

'위대한 교향곡은 인간이 만든 미시시피 강과 같다. 우리는 그 강을 따라 시작부터 마지막까지 그 아름다움에 홀려 그 강을 따라 흘러내려갈 수밖에 없는 것이다.'

아론 코플랜드가 말한 것처럼, 교향곡은 인간이 만들어 낸 음악 형식들 가운데 가장 뛰어난 형식이라고 할 수 있다. 잘 만든 교향곡이 듣는 사람을 잡아 끄는 이유는 거대한 오케스트라의 음향과 함께 잘 짜여진 구성의 아름다움 때문이다. 교향곡은 순수한 음악적 구성의 아름다움이 생명이다. 즉, 주제 선율들이 끊임없이 자라나고 얽히고 발전한다. 이러한 아름다움은 교향곡에서만 느낄 수 있는 맛과 멋이 아닐 수 없다.

교향곡은 '오케스트라(관현악)를 위해 만들어진 4악장의 소나타'이다. 베를리오즈의 〈환상 교향곡〉은 5악장이고, 그 밖에 3악장으로 되어 있는 것도 있다. 하지만 대부분의 교향곡은 4악장으로 되어 있다.

교향곡의 악장들은 서로 관계를 주고받는다. 첫 악장은 빠른 소나타(알레그로 형식), 두 번째 악장은 느린 가곡 형식이나 변주곡 형식, 세 번째 악장은 우아하고 아름다운 미뉴에트와 트리오 혹은 스케르초, 네 번째 악장은 생기 발랄한 론도나 소나타(알레그로 형식)로 되어 있다. 빠른 악장으로 시작해서 느린 악장을 거쳐 다시 빠른 악장으로 돌아가는 매우 일정한 속도감을 보인다. 교향곡이 3악장으로 구성되어 있는 경우에는, 위의 네 악장 가운데 춤곡 형식인 세 번째 악장이 빠진다.

베토벤의 5번 교향곡 〈운명〉은 교향곡의 교과서라고 할 만하다. 첫 주제로 쓰인 세 개의 8분 음표와 하나의 2분 음표가 발전해 나가고, 더 나아가서는 작품 모두를 움직이는 힘을 느낀다. 이것이 베토벤이 가진 열정에서 나온 힘이 아닐까.

특히, 베토벤은 별 것도 아닌 어떤 동기를 인상 깊은 주제로 빚어 내는 데 탁월한 능력을 가졌다. 그는 단순히 같은 움직임의 리듬을 음 높이에 변화를 주면서 점차 폭발하는 듯한 감정으로 몰아가고는 한다. 이처럼 아무런 느낌도 없을 것 같은 어떤 동기에 긴장감과 힘이 실리는 이유가 바로 차츰 고양되어 가는 분위기의 효과가 뛰어나기 때문이다.

힘, 고양, 상승감 등의 느낌은 베토벤의 작품에서 흔히 맛볼 수 있는 것으로 '고통에서 환희로' 라는 유명한 어구를 연상시킨다.

베토벤은 하이든과 함께 후대, 특히 낭만주의 작곡가들에게 큰 영향을 끼쳤다.

베토벤의 교향곡은 그가 어떻게 오케스트라를 사용하여 그의 음악적 목표를 달성하였는가를 잘 보여 준다.

베토벤은 먼저 오케스트라의 규모를 키웠다. 이렇게 하자 베토벤의 음악에는 힘이 넘치고 고양된 부분에서는 그 힘이 금방이라도 폭발해 버릴 것 같은 효과가 생겨났다. 또한, 오케스트라의 음향에는 색채감까지 더해 주게 되었다.

베토벤의 이와 같은 노력은 오케스트라를 한층 발전시키는 결과를 가져왔다. 베토벤으로 말미암아 낭만주의 음악가들은 인간의 다양하고도 심오

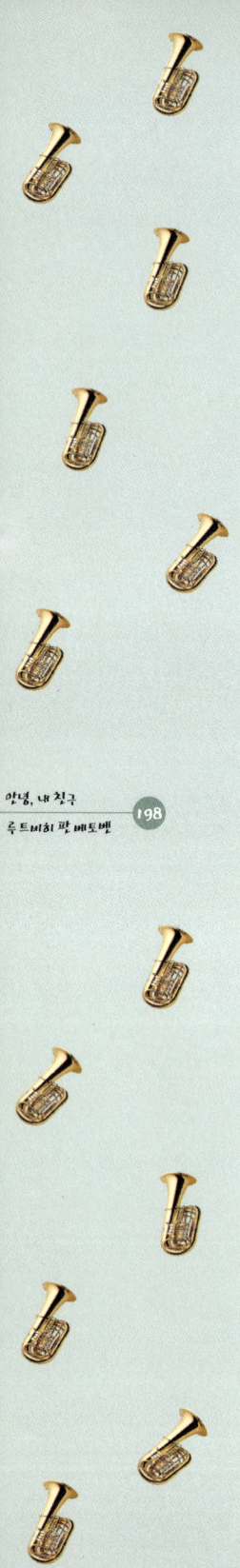

한 감정을 한층 효과적으로 드러낼 수 있는 방법을 알게 되었다. 베토벤을 흔히 '고전주의를 완성하고, 낭만주의의 시작을 알린 음악가'로 일컫는 이유가 바로 여기에 있다.

그의 음악은 바흐나 모차르트 같은 음악가들이 이루어 낸 고전적인 형식을 따랐다. 그러면서도 그의 음악 속에서는 새로운 차원인 낭만주의가 열리고 있었던 것이다. 즉, 그 동안 억눌렸던 인간의 감정을 솔직히 드러내고, 그것을 다양한 형식으로 담아 내는 낭만주의 시대가 베토벤에 의해 새로이 열렸던 것이다.

다솔이의 가상 일기

다솔이를 찾아온 베토벤

고전 음악보다는 대중 음악의 리듬과 가사에 익숙한 초등 학생이 베토벤을 만난다. 그렇게 해서 베토벤의 음악이 우리 영혼을 얼마나 깊이 있게 하는지 생각해 본다.

○월 ○일

오늘 뜻밖에도 베토벤 할아버지께서 오셨다. 그 때 나는 요즘 유행하는 노래를 크게 틀어 놓고 따라 부르고 있었다.

"다솔이 지금 뭐하고 있니?"

"노래하고 있잖아요. 할아버지 이 노래 모르세요?"

"그게 뭔데?"

"할아버지도 참! 이 노래가 얼마나 인기가 있는데요."

"그런데 무슨 노래가 그렇게 힘이 없냐? 내가 작곡한 교향곡 〈합창〉에 나오는 '환희의 노래'를 들어 보렴. 얼마나 힘이 넘치고 저 가슴 깊은 데서부터 기쁨이 넘쳐흐르는지 말이야."

"할아버지, 그렇지만 요즘 아이들은 그런 지루한 교향곡보다 댄스 가수들의 노래를 더 좋아한다구요. 인기 가수가 입는 옷도 따라 입고 머리 모양도 똑같이 하는걸요."

"얘야! 가슴으로 느끼지 못하고 입으로만 부르는 노래는 금방 잊혀지고 만단다. 이 할아버지가 만든 음악들은 170년이 지난 것들인데도 아직까지 사람들의 사랑을 받고 있잖아."

"그런데 할아버지, 요즘 가수들의 노래는 몇 번 들으면 따라 부를 수 있는데, 할아버지께서 말씀하신 음악은 들어도 뭔지 잘 모르겠어요. 어려워요."

"자, 다솔아, 할아버지를 잘 보려무나."

할아버지는 벌떡 일어나서서 입을 굳게 다물고 눈을 감으시더니 (이건 언젠가 책에서 본 적이 있는 것 같은 그 표정이었다.) 팔을 힘차게 흔드시는 것이었다.

나는 처음에는 할아버지의 모습에 웃음이 터져 나왔다. 그런데 그런 건 아랑곳도 없이 큰 소리로 '다다다다~!' 하시며 그 리듬에 맞추어 팔을 저으셨다. '어?' 나는 다시 웃음이 터지려던 입을 얼른 손으로 막았다. 아직까지도 큰 소리로 떠들고 있는 랩이 흘러 나오는 라디오의 전원을 끄고 할아버지를 보았다.

30분이 넘게 할아버지는 혼자 그러시더니 휙 나가 버리셨다.

나는 그런 할아버지를 이해하기가 힘들었다. 할아버지가 가시고 난 뒤, 난 아빠의 CD 중 베토벤이라고 씌어진 게 있나 찾아보았다. 그런데 영어로 씌어져 있어서 잘 알 수가 없었다. 난 아빠에게 전화를 걸어 어쭤 보았다.

"아빠, 영어로 베토벤을 어떻게 써?"

"왜?"

"베토벤의 음악을 들어 보려고 하는데 어느 게 베토벤의 CD인지 잘 몰라서 그래."

"다솔이가 웬일로 베토벤의 음악을 다 듣겠다는 거지?"

"아빠, 그건 비밀이야."
"잘 들어. 베토벤은 알파벳으로 B·e·e·t·h·o·v·e·n이야. 잘 찾아서 들어 봐."
"응, 아빠."
 나는 최신 가요 CD를 빼면서 왜 할아버지가 그렇게 가 버렸을까, 가슴 깊이 느끼는 게 뭘까 하고 생각해 보았지만 여전히 알 수 없기는 마찬가지였다.
 CD를 넣고 재생을 누르고 나도 베토벤 할아버지께서 하셨던 것처럼 일어나서 눈을 감고 입을 꽉 다물고 지휘를 해 보았다.
 그래도 가슴 깊이 느낀다는 게 뭔지 잘 모르겠다. 다음에 할아버지께서 오시면 여쭈어 봐야지.

○월 ○일
 학교에 가서도 할아버지 생각을 하며 혼자서 가만히 지휘하는 시늉을 해 보기도 하고 그 리듬을 따라 입으로 중얼거려 보았지만, 내 머릿속에는 '모르겠다' 만 가득 차 있었다.
 수업이 끝났다. 교실에서 나오는데 주희가 불렀다.
"다솔아!"
 뒤를 돌아보았다. 주희가 따라오면서 말했다.
"다솔아, 이거 봐라!"
 주희는 인기 가수의 얼굴이 그려진 새 티셔츠를 입고 있었다.
"내가 이 언니들 노래 좋다니깐 엄마가 사다 주셨어. 그리고 CD도 사 오셨어. 이따 우리 집 가서 같이 듣자."

다른 때 같으면 좋다고 따라갈 나였지만 오늘은 별로 그러고 싶지 않았다.

"다음에 갈게."

집으로 돌아와서 나는 오디오를 켜고 베토벤 할아버지의 CD를 넣었다.

"다솔아, 너는 오자마자 숙제도 하지 않고 또 댄스 가요냐?"

"아니야, 엄마. 이건 베토벤 할아버지의 CD야."

"아니, 웬일로 네가 베토벤 음악을 다 듣지? 전에는 들으라고 해도 안 듣더니. 그래 들어 보니까 어떻든?"

"뭘 말하려는 건지 잘 모르겠어."

"처음엔 잘 모르지만 자꾸 들으면 뭔가 알게 될 거야. 그리고 요즘 노래에서는 느끼지 못하는 것을 느낄 수 있을 거야."

'엄마도 똑같은 말씀을 하시네.'

눈을 감고 앉아서 손을 저어 가며 음악을 듣고 있는데 베토벤 할아버지께서 오셨다.

"다솔이, 지금 뭘 하고 있니?"

"잘 모르겠어요."

"뭘 말이냐?"

"할아버지께서 무엇을 말씀하려고 하셨는지 말예요."

"그럼 요즘 유행하는 노래는 뭘 말하려는 건지 알겠니?"

"그럼요. 그건 가사도 있고 우리가 따라 부르기도 쉬우니까요."

"그런데 할아버지 생각엔 그 노래엔 흥얼거림만 있지 정신은 없는 것 같구나. 사람의 마음을 움직이게 할 힘 같은 것 말이야."

오디오에서는 할아버지의 음악의 절정 부분이 힘을 다해 울려 퍼지고 있었다.

○월 ○일
"다솔아, 너 어제는 무슨 음악 들었어?"
학교 수업이 끝나고 함께 오면서 주희가 물었다.
"주희야, 너 베토벤을 아니?"
"그럼, 베토벤은 우리 음악 시간에도 배우고 내가 다니는 피아노 학원에서도 베토벤이 그려져 있는 책을 본 적이 있는걸."
"그런 것 말고, 너 베토벤의 음악을 들어 본 적이 있어?"
"아니, 오빠가 들어서 나도 한번 들어 볼까 했는데 난 금방 나왔어. 뭐가 뭔지 하나도 모르겠더라."
"나도 처음에는 그랬어. 너도 한번 눈을 감고 입을 꽉 다물고 지휘하면서 들어 봐. 안녕! 나 지금 베토벤 CD 사러 갈 거야."
주희가 혼자 중얼거리는 소리가 들렸다.
"뭐, 눈을 감고 입을 꽉 다물고 지휘를 하면서 들어 보라고? 새로 나온 음악 감상법인가?"

루트비히 판 베토벤 연보

1770년	12월 16일 (또는 17일) 본에서 태어나다
	12월 17일 레미기우스 교회에서 세례를 받다
1774년	아버지에게 피아노와 바이올린을 배우기 시작하다
1778년	최초로 공개 연주회를 가지다
	곡목은 '여러 곡의 콘체르토와 3중주' 였다고 함 (3월 26일)
1779 년	네페가 본에 오다
~1781년	네페로부터 음악 수업을 받기 시작했는데 언제부터인지 정확하지는 않다
1781년	학교를 그만두다
1782년	네페를 보조하는 궁정 악단 오르간 연주자(돈을 받지 않음)로 임명되다
~1783년	처음으로 〈드레슬러의 행진곡에 대한 아홉 개의 변주곡〉이 출간되다
	쳄발리스트로 임명되다
1784년	궁정 악단 차석 오르간 연주자(월급을 받음)에 정식으로 임명되다
1787년	모차르트의 제자가 되기 위해 빈으로 여행을 떠나다
	7월, 어머니의 사망 후 베토벤은 실질적으로 가장이 되다
1789년	프랑스 혁명이 일어나자 혁명의 열기에 사로잡히다
1792년	하이든에게 음악을 배우기 위해 빈으로 떠나다 (11월)
	12월에 아버지 사망하다
1793년	피아노 3중주 작품 1번 출판되다
	(리히노프스키 공작에게 헌정)
1794년	알브레히츠베르거에게 대위법을 배우다

1795년	황실 극장인 부르크 극장에서 최초의 공연을 갖다
1796년	리히노프스키 공작과 함께 프라하, 드레스덴, 라이프치히, 베를린으로 연주 여행을 떠나다
1799년	황실 악장 살리에리에게서 오페라와 성악의 작곡법을 배우다
1800년	리히노프스키 공작이 베토벤의 자유로운 창작 활동을 위해 종신 연금 600플로린을 보장하다 (이 연금은 1806년까지 지급됨)
	교향곡 1번
1801년	베겔러, 아멘다에게 자신의 난청 상태를 알리다
	월광 소나타 작곡(줄리에타에게 헌정)
	교향곡 2번
1802년	하일리겐슈타트 유서를 쓰다
1803년	교향곡 3번(에로이카 교향곡)
1804년	〈레오노레〉 초판, 재판 및 서곡 2번, 3번 공연 모두 실패하다
~1805년	(나중에 이 곡은 〈피델리오〉라는 제목으로 개작한다)
1806년	교향곡 4번
1807년	교향곡 5번 (1악장의 주제는 '운명이 문을 두드리다'가 아니라 '멧새의 울음'이라고 하는데 우리 나라는 일본 음악계의 영향으로 〈운명 교향곡〉으로 불리고 있다)
1808년	교향곡 6번 〈전원 교향곡〉
	베토벤의 대중적 인기가 하이든에 버금 갈 정도로 절정에 달하다
1809년	4000플로린의 종신 연금이 보장되는 협정이 체결되다
	(루돌프 대공, 로프코비츠 공작, 킨스키 공작이 지불하기로 함)
	하이든 사망

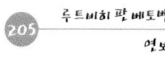

1811년	교향곡 7번
1812년	청력이 급속히 악화되다
	테플리체에서 괴테를 만나다
	교향곡 8번
1814년	〈피델리오〉 3판 및 서곡
1815년	동생 카스파르 카를이 죽다
	이후 5년 동안 조카 카를에 대한 양육권 재판이 진행되다
1816년	멜첼이 발명한 보청기를 사용하기 시작하다
	피아노 연주는 더 이상 하지 않다
1818년	회화 수첩을 사용하기 시작하다
	(이 회화 수첩은 쉰들러가 파괴해 버렸다고 한다)
1822년	교향곡 9번
	케른트너토르 극장에서 〈피델리오〉가 성공적으로 다시 공연되다
	체르니의 제자 리스트의 연주를 듣고 재능을 칭찬하다
1824년	케른트너토르 극장에서 〈합창〉 교향곡이 공연되다
1826년	카를이 자살을 시도하여 실패하다 (7월30일)
1827년	3월 26일, 베토벤 사망하다

꼭 읽고 싶은 우리 동화 동시

세월이 흐를수록 더욱 빛나는
아동 문학의 고전들이 새롭게 태어났습니다.

어린이 나라의 큰 빛, 강소천

강소천 저학년 대표 동화
마늘먹기

강소천 고학년 대표 동화
돌멩이

강소천 대표 동시
지구는 누가누가 돌리는 팽이일까?

우리 겨레가 힘들고 어려웠던 시절에
꿈과 희망을 심어 주었던 강소천 선생님의
동화와 동시들을 한데 엮었습니다.
매일 먹어도 질리지 않는 쌀밥 같은 이야기들이
어린이의 마음밭을 풍성하게 가꿔 줄 것입니다.

강소천 지음 | 4·6배판 변형 | 올컬러 | 128쪽 | 각권 값 7,000원

동요 나라의 큰 별, 어효선

어효선 대표 동화
종소리

어효선 대표 동시
그래서 장난꾸러기 너희들은

겨레의 동요 〈파란 마음 하얀 마음〉의
노래말을 지으신 어효선 선생님의
동화와 동시들을 한데 엮었습니다.
아름답고 정겨운 이야기들이 어린이의 마음에
고운 꽃물을 들여 줄 것입니다.

어효선 지음 | 4·6배판 변형 | 올컬러 | 128쪽 | 각권 값 7,000원

역사의 정체성을 일깨워 주는 장편 역사 이야기

우주로 날아간 뒤주 왕자

욕심을 멀리 하고 자신을 낮추며
백성을 다스렸던 우리의 왕자,
뒤주에 갇힌 슬픈 왕자가 아니라
광활한 우주로 날아간 생기찬 왕자 이야기!

글 김은숙 | 그림 윤정주 | 4·6배판 변형 | 올컬러 | 192쪽 | 값 8,000원

용기와 지혜, 끝없는 도전 정신으로 세상의 주인이 된 여자들!

세계를 바꾼 여자들의 빛나는 도전 이야기
여자는 힘이 세다

동물학자 제인 구달, 노벨상을 받은 과학자 마리 퀴리,
대서양을 건넌 최초의 여성 비행사 아멜리아 에어하트,
가난하고 병든 사람들의 어머니 마더 테레사,
미얀마의 희망 아웅산 수지,
장애를 극복한 빛의 천사 헬렌 켈러,
위대한 사진 작가 마거릿 버크화이트 등
세계를 바꾼 7명의 여자들의 감동 넘치는 삶의 기록!

글 유영소 | 그림 원유미 | 4·6배판 변형 | 올컬러 | 248쪽 | 값 8,000원